U0102069

Life in the Landscape and the Ideal
■ *One Place One Hostel* ■

生活，在风景与理想中
一地一客栈

《旅游圣经》编辑部

肖 肖 陈玉贞 著

北京出版集团公司
北京美术摄影出版社

图书在版编目（CIP）数据

生活，在风景与理想中：一地一客栈 ／ 肖肖，陈玉贞著. — 北京：北京美术摄影出版社，2015.9
ISBN 978-7-80501-841-6

Ⅰ. ①生… Ⅱ. ①肖… ②陈… Ⅲ. ①乡镇—旅游指南—中国 Ⅳ. ①K928.9

中国版本图书馆CIP数据核字(2015)第196145号

责任编辑：董维东
执行编辑：张立红
责任印制：彭军芳
装帧设计：高永来

生活，在风景与理想中
一地一客栈
SHENGHUO, ZAI FENGJING YU LIXIANG ZHONG

《旅游圣经》编辑部

肖　肖　陈玉贞　著

出　版　北京出版集团公司
　　　　北京美术摄影出版社
地　址　北京北三环中路6号
邮　编　100120
网　址　www.bph.com.cn
总发行　北京出版集团公司
发　行　京版北美（北京）文化艺术传媒有限公司
经　销　新华书店
印　刷　北京方嘉彩色印刷有限责任公司
版　次　2015年9月第1版第1次印刷
开　本　700毫米×1000毫米　1/16
印　张　18
字　数　200千字
书　号　ISBN 978-7-80501-841-6
定　价　59.00元
质量监督电话　010-58572393

前 言

在生活节奏快、工作压力大、环境污染严重的今天，许多人的旅行已不再是走马观花，而更愿意在风景优美的地方，找一处舒适与情调兼具的客栈住下，或者"面朝大海，春暖花开"，或者"采菊东篱下，悠然见南山"，既可偷得浮生半日闲，也可小住一周半月，让时光放慢，心灵放缓。每天在自然宁静的夜色中入睡，在鸟语花香中醒来，会油然生出"岁月静好，现世安稳"的感慨。

而在现实中，每个旅行目的地都有着数十家、数百家乃至上千家客栈，怎样才能找到一家理想的客栈呢？为此，我们在全国范围内选择了18处极美的地方，委托两位优秀作者实地考察，秉持严格标准，优中选优，最终在每个地方各选出了一家小型精品特色客栈。

我们的标准如下：

首先，客栈要有私家花园或花园式庭院。我们相信，一个赏心悦目的美丽院子，是度假旅行的第一要素，如大理猫猫果儿客栈（三塔店）、泸沽湖尼赛庄园、杭州珑璟心情民宿、厦门鼓浪屿留下1924精品客栈等，都有开阔的庭院和视野。书中的其他客栈也都有着小巧玲珑的精致院落。

其次，客栈掌柜要经历丰富，有故事，有情趣。好的客栈要有人情味，这也是与星级宾馆的最大区别。书中的客栈掌柜，有的是摄影师、诗人，有的曾经做过媒体人、设计师。爱好旅行和文艺，有理想，不愿入俗套的日子，是他们共同的特征。住进客栈，和他们聊聊天，你也许会发现生活有着多种可能性。

再次，客栈最好在具有当地特色的老建筑基础上改造而成。像苏州平江客栈的前身是方氏家族传承数百年的老宅，宏村一品更楼源自明代徽派古宅，西递猪栏酒吧改建自一座有着400余年历史的马头墙徽派老宅。老宅子是当地传统文化的载体，已经不仅仅是一座房子。住进老宅子，也就有了最贴近当地生活的体验。

还有几个小条件：客栈要临近有较高观赏价值的自然景观，或者依山，或者傍水；客房不多，房型多样，装修精致，有较高舒适度；注重细节，服务贴心。最后一点也很重要，房价中等偏上，有三四百元／天的房间。

本书收入的客栈，都具备上述大多数条件。而奢华酒店、星级宾馆、普通旅舍、经济型连锁酒店，都不在我们的选择之内。

我们深信，本书面向的旅行者应该是这样的：不仅有着较高文化修养和生活品位，还有远方的梦想；不仅有丰富的旅行经历，还有着对理想生活的向往；不仅要求客栈有舒适性，还要有文艺情调。

我们希望一家极美地方的理想客栈，能为您带来最浪漫的假期和最美丽的回忆。

《旅游圣经》编辑部

目　录

香格里拉

子丰轩精品客栈

——永恒的香巴拉

"太阳最早照耀的地方,是东方的建塘,人间最殊胜的地方,是奶子河畔的香格里拉。"《消失的地平线》里的香巴拉已经无从考据,但是走在路上的人,心中自有一个香巴拉,在哪儿? 在那儿。

和　顺

29 号公馆

——又见炊烟起

在邓丽君的歌声里,择一城而怡然安居,修一栈而自得乐业。春风十里,不及你歌喉婉转嘤咛；春风十里,不及你眼底频频笑意。在和顺的湖光山色间又见炊烟起,湖泊一扁舟,不如归去,不如归去。

杭　州

珑璟心情民宿

——日日半隐

如果你坐在走道旁的竹椅上,完全可以看到身侧两幢小楼是如何醒来的：开窗,开门,淋浴,下楼,端着早餐在花园内坐着；牛奶的暖香,粥的暖胃；小孩子们绕着小溪跑来跑去活泼泼的样子。旅游胜地外的杭州,应该还有一个生活中的模样。

绍 兴

大越小院

——唯有清风共白云

住在大越小院，离着老绍兴的台门又近了一层。密密匝匝的弄堂，隔河相望的民居，遍地都是梅干菜和笋干的味道，在这里能看见最有民间味道的绍兴。

西 塘

明榉坊客栈

——宜居的古意

站在明榉坊的门口，你不会以为这是一座老宅。明榉坊大约建于明末清初，代代修缮，到了掌柜李美珍手中才变新颜。一楼全是宽敞的公共区域，放足收来的明清古董，喝茶聊天，卧花成眠；二楼是五间客房，内饰风格完全不同，所用器物、装饰小物也顺应风格，精心搭配。

苏 州

平江客栈

——半眼光影空

桌椅板凳、文房四宝、院落小径、花墙扶枝。来的都是些喜欢新鲜感的客人，看看老宅的老，庭院的雅。这并不是一个纯为居住舒适度而存在的客栈，是为已然断层的故事而生。

周 庄

墨荷客栈

——见玉不见泥

你坐着船，听着船娘的小曲，一路悠悠荡荡，而你的注意力会被通秀桥畔的一个地方吸引住。乌瓦乌檐，米色栈道，绿色的莲朵缀在大瓮里，悬在门口的鸟笼半开，自如饮茶的人们随意坐着、搭着、站着，这一切都会叫你想让船家停下，靠上去，去探探这家叫作墨荷的地方，究竟是什么样子。

同 里

恩泽堂

——芙蓉露下落，杨柳月中疏

虽是客栈，却脱不开从明末清初至今的记忆残片。旧与新，随着年轮交替着角色，彼时的新成了今日的旧，今日的新成了明日的旧。你会看见时间的脉络如何悄悄改变老宅的一切，墙面、屋梁、象腿、池塘、楼梯、扶手、雕花床、桌椅……生活在老宅中一日，便很难舍得再离开。

扬 州

运河国际青年旅舍

——欧式复古文艺风来袭

与东关街咫尺之遥，却隔绝喧嚣。三层小楼，单凭一楼橱窗里的老自行车、老挂钟、老电话机，你就知它许多趣味。棕色的壁炉，放在角落的钢琴，头顶的吊扇旋转时流动的影子，只当那留声机里音乐当真嘶哑出声，既熟悉又陌生。客房欧式装修，英伦风情十足，每晚足可做一场美梦。

宏 村

一品更楼

——古宅中的婉约派

它有着明末清初徽州官邸的骨架，刚而正，硬而朗，也有着摩登现代感的舒适度，妥帖，如家。庭院小而巧，凭栏而坐，遥见风云；厅堂稳而正，有君子之风；二楼小坐喝茶，眼见天井处的日光回暖；三楼盘膝敬佛，有透过天窗的光线丝丝缕缕。

西 递

猪栏酒吧

——三段不容错过的风景

这里承载了太多的诗性和理想。诗人说，猪栏是可以安置乡愁的柔软时光；建筑师说，猪栏完全延伸了徽派屋宅的定义；游客说，猪栏的生活适合吃了睡、睡了吃。叫我说，三个猪栏，是三段不容错过的风景。

鼓浪屿

留下 1924 精品客栈

——身在鼓浪屿的梦境

推窗朝外，花园、小径成为人们转换世界频道的开关，楼宇的细节在拥抱着年岁，拥抱着海风海浪。你拉着行李箱一路朝上，最终会停在红墙畔的路灯旁，被楼宇的细节所感染，不知进，不知退。

后 记

客栈特色

■ 花园式超大庭院
■ 附设真正新式教育的幼儿社区
■ 设计精致，舒适度高
■ 不收押金，不挂靠订房网站

大 理
猫猫果儿客栈（三塔店）
——生活是最高理想

　　猫猫果儿客栈（三塔店）距离大理古城两公里，隔绝喧嚣，位于苍山脚下，紧邻三塔倒影公园，其中有一截围墙还是共用的。满目苍翠，空间从容，拂面而来的是苍山下的清冽空气，可以远眺梦幻洱海。一个开阔庭院，一方荷塘曲廊，两栋白族民族风结合现代风格的客房主楼，两个坚守"生活是最高理想"的夫妻掌柜。

庭院水景，虫声唧唧，睡莲才露尖尖角

阳台视景，三塔寺尽收眼底

房 价

客房类型	价格（元）	客房类型	价格（元）
双床标间	280	大床房	380
大床房（无露台茶室，仅1间）	180	套房	480

苍山脚下的完美栖居

掌柜夫妻俩都是杭州人，也算是老大理了。陈钢是独立摄影师，在云南拍摄纪录片，姗姗来云南旅游，两人认识并恋爱。姗姗说"他那种拍片到处云游的生活太吸引我了"，于是就辞掉了投资公司的工作，来到云南。夫妻俩在人民路开了第一个客栈——"得意的猫猫果儿"，由此开始客栈经营。

"猫猫果儿"是杭州话，意为"躲猫猫"，不张扬，不浮夸，这也是整个客栈与两位掌柜气场的体现。猫猫果儿在大理有三家店，人民路下段有两家，分别是"得意的猫猫果儿"（掌柜家的小少爷就叫"得意"）和"外婆的猫猫果儿"（顾名思义，外婆掌店）。相较于古城人民路的两家猫猫果儿，三塔店的客房空间和设施更加奢华大气一些。

三塔店从装修到正式营业，花费了近两年时间。客栈占地两亩半。A栋贴近苍山，苍翠即在眼前；B栋近水楼台，睡莲娇艳，白云悠悠倒映成趣。全院建筑取材多是木材与石头。乌木与白色的色彩沉稳雅致，有清净禅意，正与店名相呼应。

客栈共有20个房间，所有房间都带有茶室和露台，卫浴齐全。A栋客房配备有线电视，B栋则是硬盘播放器电视，500部美剧、电影、纪录片任君选择。其中套房面积有70多平方米，浴室带浴缸（店家很细心，浴缸和淋浴是分开的），卫厕系统均为品牌产品。因为大理气候宜人，安装空调的意义不大，所以客房都没有空调，但夏天会配置风扇，冬天配置电暖气和电热毯。

独栋的餐厅，独具匠心，飘窗临水设计，内部空间比较大，两三家齐聚一堂都没问题。客栈提供早餐、饮料。如果需要搭餐，也可以订制家庭聚餐，提前半天打个招呼就可以。平常也供应茶、各式咖啡、鲜榨果汁等常见饮料。

掌柜对客栈的公共空间设计非常花心思。大到客厅的水景，小到池沿边放置的引颈饮水的小玩偶鹅，店里的每一株绿植，每一枝花花朵朵，每一处坛坛罐罐，都融入了他们的审美趣味。猫猫果儿三家店我一一看下来，最大的震撼是细节的精致用心，同时又好奇掌柜是如何搜集到这么多的老古董小玩意儿的？无处不在的细节充分说明："掌柜的，你是处

外部全景，苍山暮云下霭霭依依

女座的吧？"

掌柜姗姗说，很多是在外旅行时的纪念品，比如榻榻米和沙发上的民族风靠垫，都是去泰国时特意背回来的。大堂里的一些老物件是她五六年来攒下的逛下关旧货市场的心血结晶。每逢周末，她都乐得去一趟下关，逛辣椒市场和旧货市场，淘来的东西堆满了当时租的院子。有一次，她花 80 块钱淘了一对花梨椅子，辛苦地搬回古城，找木匠维修说是要 100 块钱，木匠说维修花的钱比买的还贵，劝她别修了，姗姗掌柜狠狠心，"修！" 后来，她在去往外地的途中接到木匠的电话："有个台湾人看上了你们的椅子，愿意出 1000 块钱买下来。转眼就挣 800 块，卖了吧？" 姗姗一听，乐了，真没看走眼，好货当然不卖了。如今，这些花了心思的老物件都安置在客栈的每个角落里，安安静静地发着光。

客栈资讯

地　　址：
云南省大理市大理古城三塔倒影公园旁

电　　话：
0872-2666398

微　　博：
大理猫猫果儿客栈

餐　　饮：
早餐不含在房费中，中式早餐 15 元 / 人次，美式早餐 25 元 / 人次

预订方式：
仅有电话预订，无须定金

A栋全景

将心比心

　　在同等条件的客栈民宿中，猫猫果儿客栈的房费标准当属特别实在，性价比高。要知道，这里连冲厕所的水都来自苍山山泉啊。

　　房费全年统一价，哪怕碰到"五一"、"十一"、春节等旅游黄金周，也是平常价。用外婆（掌柜的妈妈）的话说，"我们做生意，讲的是将心比心。我们到外地旅游去，第一天这个价，第二天节日了就坐地起价，这叫人怎么想，做生意嘛，将心比心。"

　　住客入住后，也无须缴纳押金。掌柜外婆说，国内做生意的，买卖信任关系很差，我们开店，为了收获信任，愿意先把信任送出去，让客人感受到店家的诚意，住客也不好意思辜负这一片信任。尽管如此，但也出过几次状况。有次住客预订了两天的房间，但是当天白天没有来，也没有提前说明，到了凌晨两三点才来，第二天退房结账时，住客非说只能算一天。掌柜陈钢解释了半天都没有用，住客坚决只付一天的房费。最后掌柜没辙了，拿出纸笔写下客栈的银行账户号码和名字，递给住客，无奈地说："好吧，你们回去后可以好好想一想，等想明白了请把房费补上。"当然，这么长时间了，那俩住客回去后一直没想明白。后来，这个事情成了掌柜朋友圈里的笑料之一。

不过，如遇黄金周，非熟客预订两间房两天以上的话，需要预付 20% 的定金。这也无可厚非，本来旅游黄金周房源紧张，要是碰上一拨不靠谱儿的，那客栈的整个"黄金周"就毁了。

1	3
2	4
	5

1.大床房，厚重沉稳的内饰，让人安然入睡　2.套房浴室，暖色调更温馨　3.庭院细节，引颈长饮的花鸭子　4.客房内的书桌，客栈除了满足休息的需求之外，还应有一方诗意世界　5.茶室一景，方寸之间天地宽

猫猫果儿三家店，从没有挂靠过任何订房网站，但是在蚂蜂窝网站的综合评价榜上，大理古城客栈猫猫果儿常年占据第一名的位置。尽管没有"谢谢亲，欢迎亲再来"等拉拢营销，但猫猫果儿还是获得了广大住客的认可。当问及为何不在订房网站上做宣传时，掌柜的解释是：通过熟人朋友或者回头客的介绍才是真正的口口相传，希望住客选择这里的原因是我们双方气场一致，而不是看到宣传中所说的"最好"而来。

许多外地人选择来大理开客栈，很大程度上并不是为了赚钱，陈钢夫妇也是。长住在大理，安心享受这里的天朗气清，有这么一份营生，能碰到很多有趣的住客，是件乐事。有的住客职业是瑜伽师，擅长药膳养生，于是掌柜外加上一帮住客，逮住机会就向瑜伽师问诊、索求药方。去一心堂买了药材回来，大家乐滋滋地轮流熬药，还故作正经互称"药友"。每天早晨醒来，药友们见面问候的第一句话就是："你今天喝药了吗？"

掌柜的理想国

掌柜夫妻俩在云南的前几年，

为了解决维西山区孩子的上学问题，在四保村筹资修建了一座希望小学，并联合杭州后援团组织支教志愿者，完备了教学系统。这个项目花费了他们四年时间。

作为摄影师，陈钢当时跑遍了整个滇藏地区，"有路的地方不开机，开机的地方不通路"，得意的猫猫果儿店阅读室桌子上的 溜儿滇藏人物照片便是见证（有这么个见多识广的掌柜向导，西南旅行攻略不在话下）。后来，两人将大理当作了休息根据地。"当时大理真是天堂啊，在银苍路租了一个两进的老院子，年租金才一万元。就这价格，还遭朋友们的白眼：'这么贵，你们就是哄抬物价的元凶！'当时的邻居是音乐家欢庆，他那座房子年租金才 300 块。"

那时大理古城旅游业还没兴盛起来，大家在古城租院子，目的简单纯粹，几乎都是奔着吃喝玩乐来的。大家每天呼朋唤友，爬苍山、下洱海，哪里好玩去哪儿。这样疯玩了几年后，陈钢夫妇慢慢觉得不对劲了，院子周边的本地邻居都开始大兴土木，加盖二层楼、三层楼。每次在院子里和朋友们举行聚会时，一抬头就发现有人在高处炯炯有神地盯着他们。一天下午，房东过来把院子里长了几十年的一丛三角梅锯掉之后，他们发觉与这个院子的缘分已尽了。

离开银苍路的老宅子后，掌柜俩为了开辟新的理想国，在人民路开了第一个客栈——得意的猫猫果儿。客栈凭借过硬的客房条件和服务，赢得了大量回头客和极佳的口碑，在蚂蜂窝网站上非常受热捧，常常提前一个月预订也未必有房。客栈有 11 间客房，房价大多为一二百元／天。第二家分店叫作"外婆的猫猫果儿"，由开明可爱的外婆掌店，装修更精致，有 15 间客房，房价稍高一些。

猫猫果儿幼儿社区

除了开客栈，掌柜的还有一项重要事业，那就是管理他们

负雪苍山下是学堂

一手创办的猫猫果儿幼儿社区，位置也坐落在苍山脚下，毗邻猫猫果儿三塔店。这是一家真正的新式教育、关注幼儿成长的幼儿园，看看他们的课程就知道了：语文教材是《开明国语课本》，学习静心瑜伽、农耕体验、手工、户外活动、烘焙……除了每天一节必备大课，其余课程都由孩子自主选择，并且老师们会观察总结孩子们的兴趣动向，从而做出相应调整。猫猫果儿幼儿社区的理念，用姗姗所认同的一句话来说就是："当你的眼睛越过所有的围墙时，就会有更多的可能性。"这是一批从国内教育体制内出走的先驱者。

闲适角落

猫猫果儿幼儿社区现在有40个学生，由之前在维西县"四十朵花花小学"的支教老师们任教。有些回头客来长住时，从这对掌柜身上看到新生活的可能。好几个家庭下定决心，从大城市搬迁到了大理，小孩子也送入猫猫果儿幼儿社区。

大理猫猫果儿幼儿社区每年寒暑假都有短期体验营，持续一周到一个月时间不等。目前，小学也已竣工并投入使用。如今，在大理新居民社区里，在姗姗和陈钢等先行者的探索下，孩子的教育问题将会挣脱出体制的桎梏，大理"理想国"会更理想。如有对此感兴趣的家长，可微博私信联系姗姗：@大理猫猫果儿－幼儿社区。

（猫猫果儿客栈照片由陈钢提供）

大理旅游推荐

◀ 苍山

苍山是国家级风景名胜区。山顶常年有雪，"苍山负雪"是大理著名的一景。游客可以骑马上山，也可以坐索道上山，如果体力好，也可徒步登山。山上有专门给徒步爱好者建设的玉带路，全程18公里，石板路面。

▶ 三塔寺

崇圣寺三塔，是南诏国和大理国时期建筑的一组颇具规模的佛教寺庙，是大理历史上规模最为宏大的古刹，也是南大理国时期的皇家寺院。天气晴朗的时候，可见著名的"三塔倒影"。

◀ 人民路

大理古城呈棋盘式布局，东西向的主街叫人民路。人民路上常有各路怪咖奇葩、名人、演员、公知出没，还有背包客们摆地摊赚盘缠、吉他卖唱、店主掌柜为宠物招亲……这条路将大理的嬉皮士文化演绎得淋漓尽致。

吃喝玩乐掌柜推荐

这一刻，仿佛凝固住的美

○　离客栈 5 分钟路程的"风味庄"，是名扬古城内外的大理风味菜馆。推荐生皮、黄焖鸡、酸辣鱼，人均消费 70 元。

○　好福餐厅，玉秀路 24 号，希尔顿厨师。一对香港夫妻来此退隐开设的一家西餐厅，原料称得上全古城最佳，不过主厨的重心不在经营生意上，并不是每天都开业，想吃的可以向姗姗掌柜要电话。

○　除了大理常规旅游线路外，离客栈较近的桃溪谷不错，尤其是春天，桃瓣馨香。另一个值得去的地方是茈碧湖旁的梨园村，开发痕迹少，整个古村老建筑多，百年老梨树映照茈碧湖，古色古香，韵味悠长。

其他客栈推荐

八千里路云和月

地段优越，位于大理古城最富人文气息的人民路，大理古城的中心位置，距复兴路、洋人街百米之遥。这里有大理古城独此一家的 200 平方米水景露台，独享洱海日出，直面苍山云雨。每到傍晚，苍山晚霞披金，倒映在露台的水池里，粼粼霞光。文艺范儿的休闲咖啡吧别有情调，独栋两层的公共空间，宽敞明亮，书架上存放着店主收藏的诸多书籍。客栈设有复式套房、豪华大房、景观及舒适大床房、榻榻米双人标间，房价 168 ~ 328 元 / 天，全

大床房，简约舒适

年统一价，节假日、黄金周不涨价。

■ 地址：大理古城人民路 267 号（古城四中对面）
■ 电话：0872-5365658

1. 庭院夜景，八千里路云和月
2. 一楼公共空间，现代与古典的碰撞

如院

如院靠近洱海门，是大理古城第一家附设有雪茄烟斗俱乐部的主题客栈。掌柜是个热爱红酒、雪茄的性情中人，珍藏一批高档烟斗、雪茄、红酒和进口啤酒。如院客栈特设雪茄烟斗俱乐部，以雪茄会友，和好朋友在这里品鉴烟酒、享受精致生活。院内有优美的布景水池，花木扶疏。这少有的清新自然的院落，可以让住客在人民路上享受闹中取静的田园趣味。客栈设有标间、大床房、套房，房价130～380元/天。

■ 地址：大理古城人民路下段 24 号　　■ 电话：0872-2475100

1		
2	3	4

1.大扇的落地窗，大片的阳光　2.雪茄、烟斗爱好者的大理根据地　3.庭院一角，通透明亮，绿意盎然　4.室内公共区域

客栈特色

- 七个美女驴友掌柜
- 游历各国后收集到的珍贵家具
- 三层顶楼的露天浴池
- 零距离海景
- 设计感十足

双　廊
花音客栈
——一群自由行走的花

　　最好的时光在路上，最好的时光有你陪伴。尼泊尔、印度、泰国、土耳其……在流光溢彩的缤纷世界里，遇见彼此。一群异姓姐妹，一起走过很多地方，一起看过很多云，一起喝过很多酒。在双廊的半壁蔚蓝里，在这用一路走来收集到的美所建造的房子里，在旅途里与你我，一起去遇见千千世界。

花音客栈主楼，依傍一片碧海云天

微笑与宁静

房　价

客房类型	价格（元）	客房类型	价格（元）
院心标准房（小）	380	院心标准房（大）	480
海景房	680～1380	270° 海景蜜月房	1180（一楼） 1380（三楼）
注：旺季有小幅上涨			

生活在别处

掌柜素描

七个爱耍爱走的川妹子，一群自由行走的花，来自各行各业——摄影、家具、服装、旅游业、科研学术、会所管理……她们因为旅行而结识彼此，也因为旅行而情谊深厚。

因导演张扬的纪录片《生活在别处》而对大理心生向往，于是与双廊这一片日光倾城的洱海结下缘分——七个闺蜜合力打造了一家惊艳绝伦的花音客栈。曲水环绕的天井茶座，三层顶楼的露天浴池，270°超广海景视角，土耳其的马赛克吊灯，非洲木雕，泰国布艺靠垫，印度、尼泊尔的旧式家具……实际上，这些都不足以形容采撷了彩虹颜色而建立起来的花音客栈。

花音客栈动工于 2013 年 3 月 6 日，这是客栈掌柜之一的古儿脱口而出的信息——因为对客栈倾注太多心血，她对这个家的一砖一瓦、一草一木都极为熟稔。姑娘们经过精挑细选，最后敲定由云南本地十大杰出建筑师富红楠老师主持设计客栈蓝图，经过大半年的建筑装修，在 2014 年年初正式营业。客栈三层楼高，带一个环海走廊、一方碧空天井、一道彩色玻璃幕墙，来自全世界各地的古董家具散落在客栈各间客房、各个角落，毫不吝啬。从客栈标识到软装，以及所有绿植、切花，都是掌柜们自己的主意，甚至多数还是她们自己动手做起来的。

一楼的大厅，色彩厚重，一道彩色镶嵌玻璃是整个大厅的点睛之笔——"神说有光，于是就有了光"。洱海波光粼粼的海面，折射进客厅，洒进了花音。掌柜们对吧台的长桌颇花了一番心思，拼接的木质马赛克是四处搜集来的构件，拆散开来，动脑动手，一块一块地散拼在吧台壁面上。曲水环绕的天井，设计独到，坐于正院中央，未隔开天地，白天是喝茶、看书、晒太阳的好去处，晚上还可供大批人马聚会。身边曲水流觞，客厅外涛声阵阵，方才大为尽兴。

顶楼牺牲了客房数量，另辟出一大片露台，用来践行她们天马行空的想法，打造了一个长方形的顶层浴池。茅草庇荫，纱幔飘摇，仰躺在浴池里，俯瞰洱海苍山逶迤拖蓝，仰望烁烁星空银河如练。

曲水流觞的天井

　　仅是客房的门牌姑娘们就来回折腾了好几次，只为追求完美精致，换漆色，字体凹处不能喷色，只好亲自上阵，拿油笔一笔一画地涂上去。说到客房里的家具装饰，掌柜们更是舍得折腾，不辞辛劳，从成都运来四车皮的收藏级家具。这些珍贵家具，都是她们多年来游历各国收集到的独家珍品，谈不上有多豪奢，却承载着一个又一个故事。

　　客栈共有 1000 多平方米，却只有 14 间客房。其中 270°视野海景房 3 间，蜜月房定位，圆形大床、室内浴缸、超开阔观海视野，日出、日落尽收眼底。海景标间 1 间，在一楼，免去老人、孩子爬楼之累。还有豪华海景 4 间、院景标间 2 间。

　　客房内凡带浴缸的，都是浴缸、淋浴分离配置；星级标准床品，一夜好安眠；免费提供鲜花、咖啡、红茶茶包；每间房都设置独立无线网络，也可使用网线接口，非常便捷。

客栈资讯

地　址：
云南省大理市双廊镇双廊村古街古戏台对面（菜市场对面巷子尽头）

电　话：
0872-2506066、18683789181

微　博：
@双廊花音客栈

淘　宝：
大理双廊花音客栈

预订方式：
去哪儿网、携程网、艺龙网、Booking、Agoda 等网站均可预订

阳光照进客厅中央

洱海醒来

有人这样赞美双廊:"有一种美好生活,叫作'在双廊洱海边醒来'。"双廊的新移民们过着什么样的生活呢?读书、游泳、划皮划艇、打鱼、下厨房、制作乳扇、喂狗、看电影、摄影、养花种菜、环保支教,分享图书和音乐,海边无花果树下做瑜伽,白族村落里溜达,洱海上驾着皮划艇环绕南诏风情岛……

听涛、看云、阅读、发呆、晒太阳、做梦,这就是我在双廊花音客栈待着的内容。

掌柜谷儿给我讲述她的双廊新移民生活:"离这不远有个伙山村,满山的梨花树,可观望到洱海全景。季节不同,爬山的乐趣也大不一样,拾松果啊、捡菌子啊,还有晚上拍银河。可以开车前往,如果是徒步登山的话,大约两小时左

生活，在风景与理想中 ｜ 一地一客栈

住客反馈

　　非常有特点的一家酒店，装修风格独具特色，虽然对我这个老爷们儿来说花哨了点，但是女朋友却爱得不行。各位文艺范儿、小清新、女王御姐们估计都能在这儿找到自己喜欢的感觉。周边环境非常好，拉开窗帘三面环海的感觉实在是很霸气啊！白天是湖面的点点金光，晚上是海中的一轮明月，心中自然而然地就开阔起来。几位美女老板也很热情，服务周到。住在这里养心又养眼，赞一个。
　　——去哪儿网，mutoulanma

　　客栈位置超好，房间置身海中，装修精致，感觉每一样家具、灯具都有故事。老板很亲切，请我喝咖啡，还有小点心配送！很赞哦！！
　　——去哪儿网，yjqy8155

　　难得一次的放松，也多亏我们提前一个多月预订的房间。这里所有的细节都做得很完美，我来这儿说得最多的话就是能不能带走这个、那个，还有那个……哈哈哈！
　　——新浪微博用户，直到大厦崩塌

$\frac{1}{2\,|\,3}$

1.大厅就餐准备中　2.东南亚的
床单布草　3. 12号海景房，奇妙
的撞色

1 | 2 | 4
　 | 3 |

右路程。这处果园是我们的私家珍藏宝地，等到秋天丰收季，各种瓜果飘香。要是在那里扎营一晚，可以试试捡现成的板栗，开个小灶，熬一锅板栗炖鸡。余下的炭火还可以用来煨玉米、煨地瓜。临走时捡一背包成熟的有机柿子，回家吃不完就晒柿饼。"

　　花音客栈整个一楼全部用来充当公共区域了。早餐免费，以西式为主。坐在沿海走廊上，凭海临风，直眺苍山，偶有一两只海鸥掠过洱海。当清晨的阳光把粼粼波光洒满整个海面时，睁开双眼就能看见近水远山给你带来的大自然最本真的美好与宁静，由此开启一场美妙的静心之旅。再吃这么一份早餐，像是吃掉了洱海、苍山间常有的天堂光，一天心情大好。

1. 彩色玻璃墙幕，洱海一线天　2. 花音时间无须匆忙。海之殿房，油画般的色彩　3. 270° 海景房（摄影：古儿）
4. 一群自由行走的花

自由行走的花

七个掌柜最初来双廊时，便被这一湾碧蓝和日光倾城打动。她们从丽江自驾到大理途中路过一片土豆花海，那个紫色花海围绕的谐音为"花音"的小村庄，让她们念念不忘，由此命名了客栈。

自 2004 年大家一起从成都出发、包车去拉萨开始，此后的每一段旅行，都是这样成群结队去的。东南亚、尼泊尔、印度、非洲，她们一起牵手走过，有欢笑、有收获，也有惊险和忐忑。在印度的火车上遭遇枪战，境外旅行预算失衡，大家一齐紧巴巴节衣缩食，凑钱买涨价的机票。

花音客栈主楼，依傍一片碧海云天

　　她们每年都会举行生日派对，有时大家的爸爸妈妈也会参与到活动中来，彼此都成了好朋友。她们以"百变大咖秀"的方式拍下一组组闺蜜照，派对主题极尽搞怪，比如穿越剧古装主题、女扮男装主题、电影经典角色主题……甚至在等菜间隙，大家都会自编自导演段子，还很投入，热闹得不亦乐乎。古儿说："在这个世界上，看我二的人能成为我的朋友，陪我二的人能成为我的闺蜜，比我二的人简直可以成为生死之交了。"

　　"鸟儿愿为一朵云，云儿愿为一只鸟。"——《飞鸟集》。花音掌柜们在双廊镇里，除了花音客栈，还开了一家古着店，主要经营古着、麻绣衣物、老琉璃收藏品。这一群自由行走的花，享用美，创造美，分享美。她们让每一个房间、每一个角落都为你讲述着关于时光、土地和风的故事。

双廊旅游推荐

▷ 双廊古镇

双廊处在"萝莳曲""莲花曲"两曲交界，居于沙洲之上。沙洲又有南诏风情岛、玉玑岛分列左右，且"双曲"环抱"双岛"，故而得名"双廊"。四方街里有古戏台，对面即是菜市场，逢虎日、猴日赶街（赶集），十二生肖轮流转，每隔五天一个街，每逢赶街会很热闹。若碰不到，也可以公历逢五、逢十去附近的挖色镇赶街。

◁ 南诏风情岛

四面环水，东靠著名佛教圣地鸡足山，北接石宝山，南连大理，西对苍山、洱海。岛上风光旖旎，海天一色，风月无边。千年古榕枝繁叶茂，幽穴古洞盘曲交错。岛屿四围水清沙白，苍山、洱海百里壮景尽收眼底，可谓"山同人朗，水与情长"。

◁ 玉玑岛

玉玑岛上有保存完好的千年古渔村，白族民居，家家流水、户户养花，极富渔家文化特色。岛上有杨丽萍的月亮宫、画家赵青的青庐。推荐由太阳宫旁的小径爬到悬崖处，古榕傍水，仙人掌衬托着斜阳，洱海风光尽收眼底。

吃喝玩乐掌柜推荐

○ 徒步鸡足山。挖色—牛角地—木香坪—桃花菁—鸡足山，来回约两日行程。鸡足山在中国和东南亚国家均享有盛名，有奇山、险峰、崖壁、幽洞、泉潭。远看山体巍峨雄奇、气势磅礴，近观林壑幽深，原始森林遮天蔽日，塔庙寺庵点缀于危崖高岗。在金顶上看日出日落，尤为壮丽。

○ 水墨私房菜，镇政府旁边，格调高，气氛好，川菜风味。推荐菜头炖酥骨汤锅、泡豇豆烧小鱼。

○ 吉祥红，小有名气，大红外观很好认，由双廊名人沈见华设计。推荐柠檬手撕鸡、烤五花肉、酸辣鱼、海菜山药汤、梅子酒。老板娘可是放话"立志成为双廊最好吃的白族私房菜"哦。

春天不逝

其他客栈推荐

村墅

村墅客栈掌柜小毛和六六来自四川成都，从事 IT 行业，自打第一次遇见双廊，他们就萌生了来双廊定居生活的想法。下定决心后，两人辞职来到双廊，用五天时间找到并签下这块风水宝地——玉玑岛尽头，270° 环海视角，地理位置不亚于杨丽萍的艺术酒店。由双廊名人八旬主持设计、修建，花费近两年时间才万事齐备，2014 年年初正式营业。客栈占地近 800 平方米，只做出 13 间客房，位于三楼的豪华海景露台大床房 50 平方米，露台 30 平方米。客栈还在一步一步完善中，掌柜小毛说，要做就做双廊最好的。房价 664 ~ 2098 元 / 天。

■ 地址：大理市双廊镇玉玑岛 28 号（杨丽萍艺术酒店旁边）　　■ 电话：0872-2506485、15987628018
■ 微信：villagevilla　　■ 微博：@ 大理双廊村墅海景度假客栈

1. 苍穹接海，碧海连天　2. 豪华海景露台大床房，安然享受洱海的第一缕阳光　3. 洱海之风入大堂

海地·生活

　　海地·生活客栈已经是双廊的地标建筑了，有人赞道："有一种双廊，叫作一定要去海地·生活看看。"房间床位得提前一个月才能订得到。由海地·生活青年旅舍和海地·生活四号院、五号院组成，从青旅床位到豪华套房，房型多样，价格厚道，从 40 元 / 床位到 1280 元 / 天不等。青年旅社院子门口的临海观景平台，时时刻刻有大批人群排队等候拍照留念。五号院有大露台，可做 SPA。四号院、五号院都配有管家服务。

■ 地址：大理市双廊镇大建旁村　　　■ 电话：0872-2461762
■ 网站：http://www.skysealodge.org　　■ 微博：@ 海地生活 94SKYSEA

1. 海地·生活一号院，背山面海　2. 海地·生活三号院
3. 海地·生活院子门口，炙手可热的拍摄地，俨然已是洱海地标

半月拖蓝

客栈名字出自明代著名义人杨升庵的"山则苍茏垒翠，海则半月拖蓝"，光这个名字就美得如痴如醉。客栈地理位置优越，与澜庭别院、半岛63、海地•生活共同分享同一片清静的洱海海岸线。房价 280～990 元/天（含早餐），全年统一价（国庆、春节涨价 200 元左右）。值得称赞的是每天轮换的营养早餐,玉米、煎饼、米线…… 种类繁多,美味可口。三楼的两间星空海景套房,名"卧云""枕月",独立网线、双人按摩浴缸、270°海景视角、卧躺观星设计,却是不到 1000 元的价格,着实划算。公共客厅超近距离亲水,每当浪大的时候,水花甚至能拍打上落地窗。

■ 地址：大理市双廊镇大建旁村　　■ 电话：0872-2506586　　■ 微博：@ 双廊半月拖蓝

1.私家观海，豪华海景房　2.观海走廊，私人洱海海岸线的清静之地　3.山则葱茏垒翠，海则半月拖蓝

客栈特色

▦ 白族文化氛围
▦ 返璞归真的生活
▦ 热情的掌柜路叔

沙 溪

沙溪文化中心客栈

——人间有味是清欢

在这里，尽管卫浴不是 TOTO 也不是科勒，床品不是记忆乳胶也不是羽绒睡垫，却是最开心的入住体验，就像寒暑假去外公外婆家。院子大门前的红色"福"字被风掀开一角，燕子衔泥忙筑窝，小土狗摇着尾巴，夜宵喝沙溪本地的新鲜牛奶……细致熨帖烟火气的生活气息，无须贴金描银，无须万般修饰，人间有味是清欢。

沙溪文化中心客栈
Shaxi Cultural Center and Gu
地址：云南省剑川县沙溪镇寺
邮编：671302 电话：0872-4
Address:#85 Sideng Jie,Shax
Jianchuan County
Yunnan Province 671302.C

客栈前门，掌柜路叔正在招呼大家移植盆景

独栋复式家庭套房，娱乐必备之自动麻将桌

房　价

客房类型	价格（元）	客房类型	价格（元）
标准间、大床房	150	三人间	210
独栋二层式套房	380	床位	30

人间有味是清欢

沙溪文化中心既是客栈，更是为当地白族群众服务的文化中心，位于古镇北约古宗巷的小径通幽处，寺登街主街拐进去约 400 米，沿路都有路标指示牌。

客栈是主人于 2006 年为建民族文化交流中心而买下来的，一大一小两个小院。客栈由长期驻扎云南大理沙溪坝、承担着"沙溪坝村落复兴工程"的设计建造任务、瑞士留学归来的黄印武设计，原汁原味地保留了当地建筑的神韵精华。一栋两层的独立式厢房：一楼有沙发、电视、自动麻将桌、大浴缸及淋浴浴室；二楼有超大面积的睡眠区，一个厚重实木衣柜，一张书桌，一张大床，一面院景镂花落地木雕窗，沿用老式传统木架支撑开窗方式，一根圆润木棍撑出一方天地，近处倚着一瓶春梅插花，远处的石榴正开得如火如荼。正厅二楼是客栈的图书馆兼电教会议室，也是民族工艺文化的展示厅，占有 60 平方米的超大空间。一墙壁的民族文化书籍，是客栈主人从北京、昆明的家里千里迢迢搬运而来。50 英寸大屏幕电视，用来进行会议、教学。一旁摆设着西南少数民族的老工艺品，如脸盆花架、弓弩、竹编朱漆盒、各少数民族的乐器等，上面斑驳的使用痕迹，是时间的沉淀。

掌柜路叔不太擅长于客栈经营，既不会刷微博，也不会刷订房网站好评率。客房装饰少，没有花瓣铺床，也没有幔帐依依，有的只是深夜一碗新鲜醇厚的热牛奶，还有自制北京炸酱面时"你也来一碗吧"的质朴语言。朴而拙，这就是文化中心客栈的真实写照，去掉矫饰，留下璞真，人间有味是清欢。

人文旅行根据地

大掌柜路元女士和山姆·米切尔先生在云南省从事对外文化交流工作已有 15 年了。三元文化传承发展中心由云南省文化厅主管，以文化交流、文化保护和文化传承为宗旨的民间非

掌柜素描

大掌柜路元女士和山姆·米切尔先生分别是云南师范大学、云南民族大学聘任的教授，也是云南三元文化传承发展中心的创办人。路叔是路元的哥哥，作为文化中心客栈的常驻掌柜，几乎成了沙溪古镇上的大管家，虽然已年近七旬，但仍洒脱自得，老顽童一枚。老北京人的热心直爽，在他身上体现得淋漓尽致。

院内的迎春花，新绿鹅黄争相俏

营利性组织。作为创办人的山姆·米切尔先生为此获得了云南省政府颁发的"彩云奖"。大掌柜路元女士带领外国留学生到沙溪体验生活已将近 10 年。她多次为沙溪复兴工程采访宣传，为外国专家做翻译，致力于沙溪的文化传承保护工作、沙溪的群众培训工作和沙溪的可持续发展工作，是沙溪复兴工程的将勋之一。这也是沙溪文化中心创办的初心所在。

　　文化中心客栈的常驻掌柜路叔在沙溪古镇颇为知名。在沙溪四方街上一问，没有谁不认识路叔的。因为文化中心客栈开得很早，路叔对沙溪古镇的人事都比较了解，加上他的为人处世风格，无论当地土著还是来此开客栈的"新沙溪人"，对他都怀有一份敬重之心。古镇里的不少客栈，比如大猫驿、平常人家等都是路叔帮忙找的院子。住在客栈里，常能见到

客栈资讯

地　　址：
云南省大理市剑川县沙溪古镇寺登街北古宗巷 85 号公园旁

电　　话：
0872-4722188、18610020809

网　　站：
www.shaxiculturalcenter.org

预订方式：
可在去哪儿网、中国古镇网预订，或者电话预订，需交订金

二楼文化展示中心，一墙壁的民族文化书籍，软软的沙发，慵懒的阳光，爱书的有福啦

本地人或者外地客栈老板来这找他"取经"，疏通房东与租户之间的关系。

　　客栈每年都会有中外文化交流活动，有外国大学生来古镇实习或是做田野调查。在文化中心实习的外国大学生，会开展一系列公益性质的文化交流培训活动：义诊服务，为当地导游和服务人员进行英语培训，导游知识培训，环境与文化保护培训，同时也为当地学校提供义务英语教学。驻地期间，有的外国学生跟着清洁工人扫大马路，跟当地老师傅学习传统手工艺、民族乐器，跟农民在田间地头撅着屁股播种插秧，跟着屠夫杀猪宰鸭……交流活动到期时，本地人也会举办篝火晚会来为他们送行，熊熊的火光映照着大家真诚的面庞，场面其乐融融。若有住客对这些项目感兴趣，也可随路叔参与进来。

生活，在风景与理想中 ｜ 一地一客栈

住客反馈

位置绝佳，服务贴心，交友方便，无线网络全覆盖。客栈是沙溪古镇很典型的古色古香的建筑。环境很幽静，晚上所有灯都打开的话小院子相当美。不同于其他客栈，来到这里有点儿家的感觉，可以搭伙吃饭，价格优惠。老板路叔很热情厚道。还有一点，这边接触的外国人比较多。

——去哪儿网，redsox

这家店应该是我住的最与众不同的一家客栈。这里的特色就是建筑。我原本都不知道大理有这么美的景区，原来这里才是大理的古城，简直就和《轩辕剑》里的拓跋村一个样儿。真是太神奇了！这里真的很漂亮，尤其晚上的时候，昏黄的灯光照亮院子，淡淡的，引来周边的萤火虫，一闪一闪的，真是太美了！悠然自得，风花雪月。

——去哪儿网，kingretom

1	
2	3

1.隔窗观花，支窗瞥见春意晚，幽居品茗做闲人　2.大床间，客房装饰鲜少，没有花瓣铺床，也没有幔帐依依，去掉矫饰，留下璞真，人间有味是清欢　3.独栋两层套房之二楼睡眠区，全木结构，精致藏于朴拙中

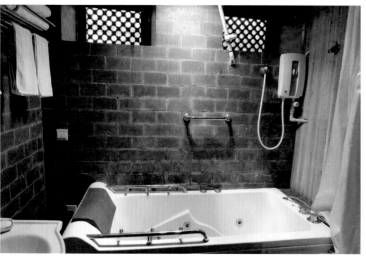

岁暮归南山

　　沙溪是云南众多古镇里我最喜欢的一个小镇，因其游客少，不事浮华。整个沙溪坐落在云贵高原的一个小坝子里。古镇不大，300米的路走到头即是清溪沃野。文化中心客栈给我的感受也是如此，清漫散淡。

　　沙溪古镇就横竖两条主街，文化中心客栈就坐落在其中一条主街旁，很容易找到。我到达文化中心的那天，适逢初春淡季，整个古镇内游客稀少。客栈里除了一个本地前台小妹，没有一个客人，下午倒是来了一对瑞士夫妇，因为在网上了解到这家客栈，特意过来看一眼再匆忙返回大理——果然如路叔所言，文化中心客栈真是墙内梅花墙外香。

　　我住在一楼，面对着白族建筑特有的天井。因为天井环境潮湿，很多传统的白族人家会在天井边养上几盆兰花。路叔养的这几盆兰花，郁郁葱葱，花枝满华。房内的书桌正对着这几盆兰花，看会儿书、上会儿网，抬头即见，低头暗香浮动。

　　文化中心客栈硬件不算好，但有路叔这个软件，加分不少。跟路叔喝茶时，他说他想养头猪，因为每年都会去白族人家里吃年猪，吃了那么多，自己也从没还过礼，再吃，这张老脸都不敢要了。于是想着法儿要养头猪，但因为自己没有猪圈，便只好赶街时买了头小猪抱去当地人家里寄养。路叔得意地说："今年终于能让他们吃上一回我的年猪肉了。"

$$\frac{1}{2\ |\ 3}$$

1.日光充足的院子　2.套房浴室，配备豪华浴缸　3.西南少数民族存留的各种老物件

天井里长势良好的兰花

　　路叔有个卖窗帘的本地朋友，时常来客栈玩。那位朋友觉得客房的窗帘太素了，坚持要给路叔换窗帘，挡都挡不住。没想到他拿来的是一批金黄土豪色的窗帘，还张罗着帮忙把窗帘全都挂上。尽管窗帘越换越丑，路叔哭笑不得，还是把窗帘钱强塞给了那个朋友。付了钱，路叔更不敢撤下这土豪金的窗帘了——怕朋友看了伤心，要是再退钱这事就更难为情了。

　　第二天正巧可以赶街，我和路叔背着个竹篓，街上熙熙攘攘，山里的彝族大妈披着整羊皮、抱着鸡来街上卖鸡买鞋。我一边看街上卖的新奇山货，一边听路叔吹嘘他在彝族寨子里喝倒过多少老倌。可爱的路叔！

沙溪旅游推荐

▲ 寺登四方街

四方街及四周的寺庙、古戏台、马店、商铺、古寨门、古桥等，至今仍保持着若干世纪以来的原貌。石板铺就的街面，足迹斑驳。走进四方街，依旧能窥见数百年前马帮的兴盛模样。居中的古戏台始建于清代，此种山乡古戏台，全国少有。出古镇东寨门，眼前矗立的便是黑惠江畔的古石桥——玉津桥。"古镇沙溪驼铃响，马蹄踏过玉津桥"，玉津桥是沙溪摄影好去处之一。

◀ 欧阳大院

欧阳家坐落在寺登四方街西北部，于清末民国初建成，距今已有上百年。大院采用白族典型"三坊一照壁"的建筑方式，附带一马店、两个花园。大院主人曾是古道上马帮的马锅头，富甲一方。欧阳家当属沙溪现存比较有特色的、完整无损的大院建筑。

吃喝玩乐掌柜推荐

○ 惠江客栈的饭馆。老牌饭店，地道白族菜，选材精良，特意保留了柴火炒菜这种传统烹饪手法。

○ 龙凤瑞英清真馆。本地饶有名声的饭店，擅做牛肉，随便点牛肉相关菜，都很美味。推荐牛蹄火锅、红烧牛肉、牛肉饵丝。

○ 骑行白族村落。沙溪古镇周边有许多白族村落，不是旅游景点开发地，民风淳朴。可去的有近处的长乐村，十分钟车程；还有四联村，村里有古戏台会馆。秋天的时候，金灿灿的秋收美景，稻田日落也是美不胜收。

○ 周五赶街。沙溪是茶马古道上唯一幸存的集市，每周周五有赶街（赶集）。赶街场地在镇外，绵延两公里。道路两旁摆满各种商品，除了日常果蔬特产外，值得关注的还有传统的手工艺——手编的彩色绳子、木器盒子、整木削刮而成的瓢，现场手工制作的麻花糖等。

集市上白族老奶奶们在精心挑选服饰

其他客栈推荐

守望 6740 石桥客栈

　　客栈位于沙溪玉津桥附近，出东寨门往右拐 200 米即是。客栈直面大片原野，对面的玉津桥上屐痕处处，马蹄驼铃响了几千年。这里硬件品质上乘，格调高雅得体。掌柜杨晓曾在梅里雪山支教两年，梅里情结难解，后来选择在飞来寺定居下来，开了一家名叫"守望 6740"的客栈，日日守望着梅里雪山。选择沙溪也是，开始放慢步调，依然是一颗淡然心。餐厅供应中餐、晚餐，推荐养生火锅、雪莲花虫草泡酒，还有掌柜、员工们自己上山采的凉茶。客栈里新鲜插花四季不断，可见掌柜的一番用心。平常房价 298 ～ 368 元 / 天，含西式早餐。

■ 地址：沙溪古镇寺登街东寨门外左行 100 米　　■ 电话：0872-4722427、13987635077
■ 微博：@ 守望 6740 客栈

<table>
<tr><td>1</td></tr>
<tr><td>2</td><td>3</td></tr>
</table>

1. 公共活动厅，花好景好　2. 清雅不俗，窗外玉津桥横卧千年　3. 灯光下幔帐依依，醒来发现花无眠

太太的客厅

客栈名字出自冰心先生的《我们太太的客厅》。客栈位于北古宗小巷通幽处，处处见设计，因掌柜本身就是服装设计师，对美有着一颗敏感的心。小院绿意盎然，满树青红点缀，还有青翠厚密的草皮，一湾瓦片铺底的池塘，水面映照着蓝天白云，显然这是一个经过精心打理的院子。两栋二层客房建筑，隔着青草绿树，显得从容。沙溪的日子也应该是这样的，徐徐缓步。厨房特别养眼，复古褪绿的主色调，器具精致雅趣，在这样的厨房里做饭，真是满眼满心的愉悦。餐桌旁的后门，通向一片菜地，一蓬蓬的茴香长势喜人。淡季房价 80 元 / 床位至 480 元 / 天不等。

■ 地址：沙溪古镇北古宗巷 88 号　　■ 电话：0872-4721939、15887386103　　■ 微博：@双水廊桥

1.素简雅致大床房，清新田园风袅袅吹来　2.我的梦想厨房也是这样：房后即是菜园，房内现代设备齐全，竹篓里花果时蔬新鲜　3.花园庭院，芳菲青草地，樱桃青果

叶子的家

　　这是一家以"瑜伽静修"为主题的客栈。掌柜叶子，曾经做过主播、大学教师、资深瑜伽导师，学习瑜伽已经十年有余。客栈不大，仅有 5 间客房，装修精致，随处可见雅致的莲花图纹。客栈每个季度都会换上与季节相对应的色调、图纹的布草和床上用品，细心可见一斑。一家客栈的装修经营与掌柜的生活理念是息息相关的，比如叶子语录："细致收拾打扮好自己是一件正事，我每次出门都要打扮得美美的，绝不会以邋遢形象示人。"客栈也经常组织禅修活动，比如去石宝山后山静修、感受大自然、吃素食、禁语。叶子在沙溪的四年来，一直在坚持做一件事——每个周末，只要叶子在沙溪，就会组织附近的本地小孩子们，一起学习《三字经》等国学课文，四年来风雨无阻，本地的小孩子都非常亲近他们的"叶子姐姐"。除了开客栈，叶子在四方街还有一家素食餐吧，就叫作"叶子的店"。除了简单素食，还有手工酸奶、冰镇乌梅汤等，全部都是手工制作，不含任何添加剂，美味天然。房价 288 ～ 488 元 / 天，全年统一标准，旺季不涨价。

■ 地址：沙溪古镇寺登街景区 41 号小院　　■ 电话：0872-4722282、13368728417　　■ 微博：@沙溪叶子的家

花开四季，日日皆好

客栈特色

■ 一湾甘泽泉的温泉
■ 二层的露台
■ 书室和茶座营造的文化氛围

丽 江
宛若故里清泉美宿
——好个一解乡愁

我有很多故乡，都在远的远方，一个落在蝉鸣里，一个落在牦牛脊梁，一个落在麦芒上，一个落在马蹄印里……还有一个落在丽江这一湾甘泽泉的泉水里。等到月圆之夜，所有的故乡从四面八方涌过来，乡愁特别响亮。

院景，庭有一池水，中植一株桂

水景内门，凌波微步，罗袜生尘

房　价

客房类型	价格（元）	客房类型	价格（元）
标准间	480	花园大床房	580
四柱大床房	680	天台大床房	880
套房	1080		
注：常年价格统一，旺季不涨价			

远的远方 古城故里

掌柜素描

掌柜叶向东曾经任职于《南方都市报》，为了打理客栈，辞掉了足足供职 11 年的工作。在《南方都市报》，他负责的是"旅游时代"板块，因职务之便，游历了祖国天南地北的大好殊胜。每天在不同的地方醒来，同一轮月亮，却照在离故乡千里之外的陌生土地上。对于故土情怀，异乡游子定有更深切的体会。

宛若故里清泉美宿客栈，位于大研古城东郊甘泽泉畔。甘泽泉，丽江古城最有名的三眼井，清道光年间立碑于此，举人王树题字。三眼井又名"三叠泉"，一眼饮用，一眼洗菜，一眼洗衣，彼此井水不犯河水。泉边楸木翳荫，鸟声上下，杨柳婆娑，剪影水中。泉水甘如蜜，泽如惠。客栈的温泉正取水于此。每天傍晚，院内温泉的水温恒定控制在 42 摄氏度。木质池壁，玫瑰花瓣芬芳，宽衣解带泡在这一湾甘泽泉里，望月摘星，卸下白天的舟车劳顿，回归到心性澄明的简单。

院子清朗开阔，设计用心。客栈极注意住客隐私，每间客房都有独属通道，绝不会发生"我从西厢过，瞥见莺莺小姐正梳妆"这种事。床品、家具、洗浴用品都是精挑细选的。掌柜放话："我们宛若故里的硬件设施一定要排进丽江客栈前十。"客栈前厅曾考虑使用东巴纸，结果贴上去后，效果并不如预期那么好，掌柜们一商议，毫不吝惜地揭掉花费不菲的东巴纸，重做设计装修。

回形院落的二层，辟出一方露天榻榻米，遥遥对着碧山沃野。掌柜说，露台对面曾经有大片向日葵花田，每到仲夏，放眼望去，金黄的葵花盘铺满碧水蓝天间。露台旁侧，是一个书室兼茶座，书柜上摆着的都是掌柜自己的私藏图书，住客也可将书带进客房阅读。

宛若故里有 13 个房间，名字别致见心思：一寸金、二色连、三登乐、四时好、五更转、六州歌、七娘子、八拍蛮、九禅机、十样莲，3 间套房名字为声声慢、花间意、莫思归。更见客栈主人花心思的是，将各间客房的名字写在普洱茶饼上，排列在酒水吧墙上，错落有致。

清雅撞色，素简中见奢华

心安之处即故乡

丽江宛若故里，是掌柜叶向东的第二故乡。初见这里时，门前是一片油油田野，夏季还有灿灿向日葵花，一派田园风光。在接手客栈后，这个自称"不疯魔不成活"的叶掌柜，用十几年的笔记录下回归故里的踪迹：

"2014 年 1 月 3 日，我打点行装，告别了生活了 11 年的广州，平静起程，选择用另一种方式回家。

"癸巳年腊月，丽江，大研古城东。甘泽泉边，漫天星斗，波澜不惊。鸢尾花开，鱼儿嬉戏。清甜的空气，无垠的田野，孩子们自由奔跑。炊烟袅袅，微风拂面，狗吠声相闻，宛若故里。

客栈资讯

地　　址：
云南省丽江市古城区义尚街文林巷
62 号

电　　话：
0888-5350011、15602221707

微　　博：
@ 宛若故里

微　　信：
wanruoguli1314

预订方式：
去哪儿网、携程网、艺龙网、Booking、Agoda 等网站均可预订，也接受电话预订，需预付定金

清泉美宿，有一畔清泉，有一间美宿

　　"是的，每个人心中都住着一个曾经的故乡。只是随着城市化浪潮兴起，那个故土变得依稀恍惚，唯余我们在城市的铜墙铁壁中对月独自缅怀。而我，执拗的造梦者，要用 18 天圆一个叫'宛若故里'的梦。回家，以回归故里的方式。"

　　是一份乡愁，更是一份回归自然与本真的生活理念，让他坚定着这一份执着：发现细微之美，聚焦土地上开出的花、长大的人，装修工程队里夫妻档同甘共苦的点点滴滴，燕子衔泥梁上筑巢，墙外一株红梅点绛。对宛如故里，他注入了无限精力。

　　打造这样一个客栈，真真是"不忘初心"。被人称"疯子掌柜"的叶向东说："我小时候出生在巴山蜀水之地，也是在

农村。山陡坡高，青石板路，每天早上天不亮就有人上路了，'吧嗒吧嗒'的脚步声，是我小时候的记忆。在我参加工作后，偶有一次在山区出差，早醒的清晨，又听到了小时候故乡青石板上'吧嗒吧嗒'的脚步声，那时我才有强烈的回乡愿望。'回乡'不一定是回故里，而是心有所安。丽江对我来说，就像是第二个故乡，我愿意付出时间和精力来了解这片土地。"

宛如故里才刚起步，对于以后，"疯子掌柜"的展望很多，比如客栈内建立一种"故里时间"——早餐时间，电影时间，

1	2	3
4	5	6

1. 宛若故里，停驻在另一个故乡　2. 茶饼房号，字字珠玑，款款心意　3. 二楼茶室兼图书室一角，佛头青灯伴书香　4. 手工自制插图留言簿　5. 房间门口的含笑花，宛如童年笑靥　6. 一楼公共客厅，花间有真意，欲辩已忘言

读诗时间，下午茶时间，温泉时间……组建住客微信群，定期推送住客故事。院外的一大片空地，正对着徐徐南风、悠悠沃野，组织烧烤活动再合适不过。空间充裕，足够再开辟两畦菜地，烧烤时直接揪下青椒、茄子上烤架。春雨夜，逢友人拜访，还可附庸一把"夜雨剪春韭"的雅事。

住客反馈

好的旅者当敬畏天地，并尊重人文。在丽江，我推荐入住宛若故里。它除了解决一夜好眠外，还提供好茶、好书和近在咫尺的温泉。住着舒适，兼具环保和生活美学，细致妥帖，有趣有品，如同客栈主人一样。
——新浪微博用户，易海燕

丽江，一直是我梦想的地方。宛若故里，如梦幻般的清泉美宿。再见丽江，再见宛若故里。这里安静刚刚好，喧闹刚刚好，热情刚刚好，阳光刚刚好。第一站，一切都刚刚好。有缘，再见……
——新浪微博用户，维尼小熊

环境很好，开门见山。楼上有公共区域可供阅读、聊天，晚上还经常用投影仪放电视。摇篮样式的秋千、野禽尾羽做成的装饰、老板亲自挑选的盆景，耐心品味，便发现到处都是风景。细微之处可见滋味，让人很是钦佩主人的情趣与用心。
——去哪儿网用户，火渡璇

扎扎实实带家人住了几天，冥想天台、松软的床品、朴素环保的早餐、美好的音乐、精致的装饰、茶堂的待客之道，符合我对一个美好居所的想象。
——去哪儿网用户，yshk2174

1.白纱幔帐，豪华套间　2.豪华
套房的浴缸　3.露台观景大床房，
古色古香如是

老木头打造的家具

梦回故里

　　宛若故里客栈不是位于热闹喧嚣的四方街古城内，而是安安静静地偏居城郊一隅。我在找客栈的路上颇费了一番功夫，后来总结了经验教训，一定得先找到城北加油站这个地标，然后跟着古城溪水走，就能一路走到甘泽泉跟前来，甘泽泉畔就是宛若故里四合院。

　　院门前花木葳蕤，进了院子后别有洞天。因为整个四合院二楼有一半的空间都做了露台，阳光很好。刚装修不久，大厅还在完善，整个天井内散发着原木刨花的木头香气。

　　我住在"七娘子"房间，一个面朝瑜伽露台的大床房，原木梳妆台、幔帐床，素雅沉静的床品和榻榻米，细节丰富的洗漱用品，甚至化妆棉、头绳、棉签这种小物件都有。尤为引起我注意的，是房间门外的那株含笑花，盆栽很高，都超

芬芳且停驻，只为懂得的人

过我头了，花期正当时。含笑花的花香很特别，像香蕉甜丝丝
的味道。

含笑的香味勾起了我的乡愁，甜蜜的乡愁。然而到晚饭时，
这股乡愁就被掌柜的"红烧牛肉"给治愈了。当天来了两对"三
回头"的回头客，因为来来往往，住客和掌柜都非常熟络，早
已成了好友。当晚家宴，掌柜搬出一坛尘封已久的梅子酒，吆
喝着"今晚不醉不归啊"。一坛梅子酒被我们七八人干光了，几
个大男人不过瘾，又取来白酒醋饮，聊着客栈装修经营上的
喜忧。

第二天我走之前，掌柜还未起床，因为和其他两个住客
真是喝到"不醉不归"才罢休。临走时，我在那株含笑花边埋
了几粒种子，是一位云南朋友送我的，也不知是什么花，希望
它们能好好开枝散叶，安然于这片丽江新故乡。

丽江旅游推荐

▶ 大研古城

世界文化遗产，坐落在丽江坝中部，玉龙雪山下。街道依山势而建、顺水流而设，至今已有 800 多年的历史，是云南古镇中建筑布局最紧凑、规模最大的一座古镇。古城内建筑布局自由灵活，不拘一格，流水石桥，花鸟虫鱼，相得益彰，生发出无穷意趣。位于城中的木府是不容错过的景点之一。

◀ 玉龙雪山

高山雪域风景位于海拔 4000 米以上。虽然现在因为游客大增和气温回升等原因，雪线逐年升高，有时阳面甚至看不到雪，但是在冬春雨雪新晴之后，仍蔚为奇观。其中玉龙雪山的小景点，如甘海子、白水河，似秘境桃源。

◀ 拉市海

拉市海位于丽江县城西面 10 公里处的拉市坝中部，属于高原湖泊。如镜的湖面倒映着玉龙雪山。拉市海边山清水秀，尤以美泉为最。美泉源于卧虎山与北斗山交会处，水绿得像无瑕翡翠，清得可见 6 米多深的潭底。

吃喝玩乐掌柜推荐

屋檐一角

　　○ 丽江市区的"有一锅"，主推火锅，有鸡汤火锅、羊肉汤火锅、腊排骨火锅。座席沿火塘而设，装饰陈列极具民族特色，围炉而侃，尽透农家温情。

　　○ "红金清真牛肉馆"，距宛若故里客栈约5分钟路程。回族人家开的清真饭馆，主推红烧牛肉、牛蹄筋、烧豆腐。家常档位的小饭馆，物美价廉，难得体味。

　　○ "随意小吃"，纳西风味。本地人的独家秘籍，难得外传，怕一出名又闹哄哄地满是游客。小店主推醋烧鲫壳鱼、蒸臭豆腐、卤猪尾巴、魔芋炒鸡。味道偏酸辣，价位亲民，位于金凯广场附近。

　　○ "三国演义酒吧"，掌柜是个歌手，且是位不太会做生意的掌柜。

　　○ 如果有意向有体力，可以考虑走一段纯正的"茶马古道"。线路如下：丽江—龙山（万亩杜鹃园）—十二栏杆—梓里桥（金龙桥）—永胜梓里—太极。这是最为经典的一条"茶马古道"徒步线路，难度系数较大，期间要翻雪山、过干热河谷，约需两三天时间。

其他客栈推荐

饮马流花客栈

　　于掌柜信奉佛教，法号"慧绝"，北大高才生，在深圳当公务员多年，辞职后来到丽江觅得一处院子，开了一家以"禅"为主题的精品客栈。小桥通幽，流水闻香，是古城不可多得的清居雅集之地。院子不大，共有6间房，价位198～798元/天不等，全年无大幅涨动。可搭餐，全素食。

　　客栈位于古城万子桥附近，顺万子桥桥下流水方向，行约500米，便可找到。因着与鸡足山的机缘，于掌柜出钱出力，支持帮助鸡足山迦叶殿住持宏信法师重修、扩建寺院，建设禅修中心。每年会举行大大小小的文化沙龙活动，如与雪山书院合作，宣讲丽江古城历史和文化，进行茶文化交流，组织"禅之旅"短期佛教体验公益活动等。

■ 地址：丽江市古城区七一街崇仁巷18号　　■ 电话：0888-5186400 、13308889478
■ 微博：@丽江饮马流花客栈

佛教相关书籍的收藏，真是大隐隐于市

激沙沙一流居

　　这是一座有着近 200 年历史的古城重点保护民居，与"木氏官邸"及"关门口"相邻，是丽江古城里唯一有流水经过的院子。"激沙沙"，纳西语，意思是"水流与房屋相连"。巧妙利用玉泉水系，依水而建，或门前流水潺潺，或泉水穿墙过院，犹如藏龙喷珠，玉带环绕。原纳西主人李实经营客栈十几年，因各种原因在 2008 年转让，如今这家院子也沿用了以前的名字——激沙沙一流居。客栈名声在外，中央电视台综合频道播出的大型纪录片《再说长江》里有一集专门讲了这家客栈的经营故事，后来陆续有香港卫视、日本放送协会（简称 NHK）等传媒机构对其进行了采访。房价 180～680 元 / 天。

■ 地址：丽江市古城区七一街兴文巷 74 号院　　■ 电话：0888-8881616、15108879999

1　
2 | 3

1. 客栈门口，流水房前过，花开正当时　2. 套房，中式古典风格，大气中透露着奢华　3. 阁楼，独立安稳的小世界

客栈特色

■ 小清新风格
■ 传统民间工艺家具
■ 一院子花花草草

束 河
有果·青桃客栈
——只因在人群中多看了你一眼

阡陌交通，桃红李白，良田美树，清风明月。在玉龙雪山的福佑下，这片土地上的纳西子民平和而又热心，勤劳而又富有创造力。他们手下的民间传统工艺，虽随着现代文明的侵袭而日渐消隐，可是，一件件经过工艺师傅悉心打造出来的器物，在有果·青桃客栈掌柜小K的改造下，静静地各司其职，在院落房角散发着岁月磨砺出来的光泽。格物之美，只有热爱生活的人儿才能发现。有果·青桃，宜室宜家。

安享束河慢时光，桃花树下饮桃花酿

楼顶眺望玉龙雪山

房　价

客房类型	价格（元）	客房类型	价格（元）
桃之恋、桃之珊、青之丝、青之尔	380	桃之思、桃之意、青之坞、青之怡	420
青之善	560		
注：节假日、黄金周价格有浮动，可提前电话咨询			

有果·青桃　宜室宜家

掌柜素描

掌柜的是一对来自杭州的年轻小夫妻，老板叫小K，老板娘叫小璐。2010年3月以前，他们还在杭州过着普通大众的生活。两人携手来丽江度蜜月时，为束河所倾倒，便辞职来这里开客栈。

有果·青桃客栈，位于束河古镇茶马古道博物馆附近，毗邻束河完全小学，与闹市保持着恰当的距离。走出巷子口，即是街肆闹市；关起门来，自有一番清净世界。院内有一株桃树，春天满院桃之夭夭，以"有果·青桃"作为店名，可谓是恰如其分。客栈风格亦是如此，清新、温暖、宜室宜家。

掌柜小夫妻在蜜月的最后一天机缘巧合来到束河，为其惊艳，"只因在人群中多看了你一眼，便再也无法忘掉你容颜"。"蜜月的最后一天，我俩同客栈里的其他住客一起去束河看看，漫步在古镇里，看到镇子里居然还有一块块的菜地，远处的袅袅白云缭绕在玉龙雪山半腰间，生活在镇子里的原住民们心无旁骛地在田间劳作着——这才叫古镇啊！"

和束河只此一面之缘，回到杭州后，夫妻俩仍然魂牵梦萦挂念不已，索性辞职搬来了束河。两个月时间里，在网络和线下客栈老板的帮助下，终于接手到了一个院子，开起了这家客栈。经过大半年亲力亲为的装修，终于打造出了一片自己的理想之地。自此以后，天天是蜜月。

有果·青桃客栈，占地400多平方米，分为三栋二层建筑。面向大门的一栋一楼为公共区域，设有茶座、电视卡座和吧台；二楼是掌柜私人住宅区。另外两栋为客房区，一楼是双人标准间，二楼则是大床间。楼顶是露天晾衣台，风景殊胜，不用抬头，直面眺望玉龙雪山。

客房里，讲究的不只是洗浴用品：品牌沐浴露、洗发露，竹制的牙刷，订制的带logo的刺绣毛巾。浴室里还特意铺设了木栅式地板，既防滑又排水，即使是赤着脚洗澡，脚心下也带着原木的温暖。

"青之善"带浴缸房，空间私密且宽敞，蜜月首选

民艺改造之美

院子不大，却处处体现着客栈主人对传统民间工艺的审美情趣。进门曲径，借鉴日式的"枯山水"意境，马牙石铺地，细竹伴路。院子里，石磨盘与竹筒的流水景观装置、纳西族花梁扁担变身的衣帽架、手工苇席的吊顶、伞形吊灯、实木马槽的花池子……更难得的是，这些都是掌柜小 K 亲手打造出来的。更让人想不到的是，小 K 以前是一名铁路公安。

"为了设计这个客栈，这一墙角的书刊杂志都被我啃完了。"小 K 指着柜子上的若干沓书说，"虽然自己的理想建筑是仿和风庭院的，但是场地太小，难以发挥。日式庭院讲究'空'与'寂'，但是现在束河这个房价，哪里经得起日式庭院的设计？我便只好蜻蜓点水意思一下，设置了一条曲径幽道，还做了一

客栈资讯

地　　址：
云南省丽江市束河古镇中和村 38 号，靠近茶马古道博物馆

电　　话：
13858061140、0888-5175833（传真）

微　　博：
@ 丽江小 K- 有果客栈 - 九师兄

微　　信：
lv kindoo

预订方式：
携程网、去哪儿网、艺龙网等均可预订，接受电话预订，需预付定金

"青之坞"房，简静有序

台流水装置。虽然有点四不像，但好歹满足我倒腾的想法了。"

"还有挑选窗帘，这个真的折腾。本地建材市场没有合适的，只好在网上选购，但是因为色差等种种原因——也不能全怪这个，要怪只能怪自己太挑剔——买货退货，样品拿了好几回，最后才敲定这个颜色。"鹅黄绿的亚麻窗帘，配米色苇席和原木地板，确实很搭，而且透光透气。

院子外墙参考本地的建筑风格，覆泥抹墙，低调土黄。内墙则是混以粉碎的稻草秸秆，斑驳古朴，与吊顶的苇席相得益彰。繁复雕花的木梁构件，配上扁担，便是一副衣帽架，古色古香，别有心意。"青之善"套房里的床头灯更是别出心裁。小K用从本地纳西人家里收来的老木犁构件，以石磨作为底盘，配上灯笼，打造出了一个富有拙趣的落地灯。

住客反馈

可能是缘分吧，一眼就看上了有果·青桃的小清新风格。因为是新装修好的，感觉性价比很高。这家绿意盎然的小院给人很亲切的感觉。院子非常地宽敞，里面的摆设小巧紧致、玲珑有序。房间各处收拾得妥妥当当，卫生间也干净明亮。房间里的被子柔软舒适，盖在身上就懒得起床，每天睡到自然醒。

——去哪儿网用户，xhzr6573

从喧嚣中抽离，抵达束河古镇的有果·青桃客栈，桃花虽已谢，但各色花草在各个角落里点缀着院子。客房内苇席吊顶配青花瓷般的伞形灯，躺在榻榻米上盯着屋顶先发一会儿呆。

——新浪微博用户，王痞子的欲望

这种房才爽嘛！进了房门有躺椅，房间自带茶水间，观景阳台、浴霸洗澡、木头牙刷、贴心蛇油膏一应俱全，总之，舒适爆了！

——新浪微博用户，AshleyOLL

1	3
2	4
	5

1.宜家的静音拖鞋　2.掌柜亲笔，家居的味道　3阳光下的有果·青桃　4.院子角落的磨盘水景　5.精致的卫浴用品

楼下，实木凿空的马槽，种着各色花花草草，在老板娘小璐的悉心照料下，长势喜人。虽已到春末，过年时贴上的对联字帖还未揭下，连花盆、大酒罐上都被细致的主人——贴着"春""豐"等字帖。大红色褪去，留下的是浓浓的居家生活气息。院子角落的那株桃花，已褪残红，露出小小的青色毛桃。光影打在红褐色的土墙上，用心生活的人，刻刻岁月静好。

落花时节又逢君

束河整体要比丽江清净，客栈底蕴相对也要比丽江浓郁一些。束河更贴近田园，出了北门即是一片蚕豆园地。

有果·青桃客栈不算大，在豪华客栈云集的丽江、束河，它没有跻身前列的机会。有果·青桃客栈虽小，却是精致入微。店主在每一个小细节都花了心思，把每一个角落都伺候得周周正正。

我住在二楼的"青之坞"，和风式的房间。浴室里有品牌洗护套装，面盆旁摆着绿色小盆栽、防皴裂的蛇油膏（这边气候干燥，初来乍到常有皮肤皴裂问题），门口摆放着静音棉拖鞋，茶几上

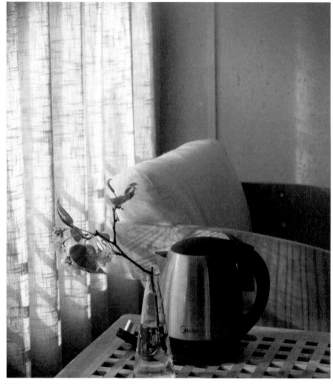

或饮茶，或阅读，一段静时光

摆放着附送的新鲜水果。白色主调的房间，棉麻布草的搭配，让人感觉舒适温暖。窗台上的一瓶插花点缀其间，素雅得当；木地板，榻榻米式床。这种矮床较之于我们普通的床，睡眠感受有点不一样，躺下来离地近，感觉更安心，一觉香甜好梦到天亮。

　　轻轻掩上房门，自不用锁。上楼晾衣服，下楼喝茶，吃女主人亲自制作的烘焙点心，这一切完全不像个出门在外的旅客，而是像去探访一个好友故交。之所以这样，可能是源于掌柜夫妇的随和性格。

　　发呆之际，我随口问小 K 附近有没有私家珍藏级宝地。"8月份的时候，这边有个不为人知的油菜花胜地，比周边的油菜花花期要迟一点，没赶上束河油菜花的，可以去那里——玉龙

花开千日好，绵绵春日长

县太安乡天红村，云南省夏播油菜高产创建万亩示范片。在束河，春季、夏季、秋季都能看到大片的油菜花，是拍婚纱照的取景胜地。束河开车过去，也就 40 来分钟。"小 K 话不多，谈及旅游吃喝却如数家珍。

小璐和小 K 待客自自然然，从不对住客刻意热情。作为一个住客，我不喜欢假意热忱的掌柜，因为自己还得配合入戏，太累。小 K 在客厅上网，小璐在院子里浇花，猫猫狗狗追在小璐裤脚边嬉闹，我坐在草地边的茶座上啥也不干，看着余晖打在墙角的桃花树上，树影斑斑驳驳地从草地上慢慢挪到墙面上。

桃花已落，青桃小小，只希望"明年落花时节又逢君"吧。

束河旅游推荐

◤ 束河四方街

　　束河古城的四方街，长宽不过 30 多米，有 5 条道路通向四面八方，水流环绕，为丽江坝子最古老的集市之一。古有"烟柳平桥、夜市萤火、断碑敲音、西山红叶、鱼水亲人、龙门望月、雪山倒映、石莲夜读"束河八景之说。"夜市萤火"指的就是四方街。四方街西边有一座青龙桥，建于明朝万历年间，距今已有 400 多年的历史，值得一看。

◤ 白沙古镇

　　白沙古镇是纳西族在丽江坝的最初聚居地，丽江木氏土司的发祥地，纳西族最早的政治中心。著名的"白沙壁画"就留存在白沙古镇。相对于大研、束河古镇，白沙古镇的商业开发痕迹很少,建筑少有翻新,生活节奏更慢。东巴文化色彩浓厚的"白沙壁画"值得一看。

吃喝玩乐掌柜推荐

素雅清丽，窗外文竹猗猗

○ 文海。相比于名声更大的拉市海，文海其实更美、更鲜为人知。最好是租一辆沙滩摩托车沿着沙滩四处撒欢儿。湖周围有广阔的草原，夏季开满了各色的鲜花。我们常去放风筝，在雪山湖泊间放风筝，感觉太不一样了。等风筝升上去以后把线拴在保险杠上，心情特别畅快。

○ 香格里拉青火塘。位于古城区安通路附近，食材地道，烹饪手法传统。推荐尼西土鸡、炒麂子肉。人均 80 元左右。

○ 哈尼山寨。正宗的哈尼菜系，装修也是哈尼寨子风范，老板也是哈尼族人。推荐酸笋牛肉、藠头炒肉。

○ 飞鸟酒吧。歌手唱功不错。店内布局恰当，可以近距离倾听演唱。设有卡座与吧台，能保证朋友间聊天的私密性。

其他客栈推荐

懒老虎客栈 (LAZY TIGER INN)

　　懒老虎客栈的掌柜 Patrick 是位加拿大人，被中国朋友戏称为"陈公子"。他携老板娘从上海一路旅行到束河，决定在束河开客栈后，两天内就拿下了现在这个院子。客栈兼备中国传统古典之灵韵和北美厚重实用之气度，Patrick 亲自动手制作了一些具有纳西族元素的家具和装饰品，用心良苦，让客栈有了"家"的味道。老板娘丽萍是个琴痴，客栈的所有房间都以古琴曲来命名——酒吧称"酒狂"，茶室称"神人畅"。客房内部色调温暖，古朴厚重，均设有茶座，免费提供茶具、茶叶。掌柜笑着解释免费的原因——"琴茶不分家"嘛。丽萍还准备将酒吧改造为一个"琴茶吧"，有时间也常常给住客们作古琴讲演。客栈占地 400 平方米，却只有 6 间客房。房价 466 ～ 680 元 / 天。各大订房网站均可预订，也接受电话预订，第一晚房费做定金即可。

■ 地址：丽江市束河古镇中和路 54 号　　■ 电话：15126099450　　■ 微博：@ 丽江懒老虎客栈

大厅

云水山房

云水山房是古城内最大的民宿客栈宅院，占地近两亩，包括两个落英缤纷的院落，一片果园菜地，一个带池塘的后花园。如此大的占地面积，却只有9间客房，在这寸土寸金的束河古镇里，实为一种奢侈。"我们没有开通微博、微信做营销，没有开设淘宝店，也没想过升级开分店，到了淡季客人不多时，天黑就关大门吃晚饭。"在丽江、束河迷离繁华的大环境里，还有如此一个悠然自得的宅子，太难得。后院的一大片菜地，蔬菜一茬儿接一茬儿，茼蒿、青菜都过季开花了，也没见主人家处理掉。"蔬菜太多，根本吃不完，便只好任它们自生自灭了。"院子里有樱桃、海棠、李子、苹果……每年4月—8月，一直吃着院子里的水果，一拨接一拨无间断供应。

房价180～480元/天，厨房可自助。

■ 地址：丽江市束河古镇开文村委会拐柳巷8号　　■ 电话：0888-5117233、15012244880

紫藤院落，独享一座小花园

客栈特色

桃花源般的诗意生活
美丽的超大庭院

泸沽湖
尼赛庄园
——我的"瓦尔登湖畔"

"尼赛庄园，云上的家"——在云里种春风，种格桑，种开紫花的丑土豆，养两匹马，驮着朝阳雨露过日子，苦荞花开了，采一把驾着云儿送去给格姆女神。尼赛是什么？尼赛就是"鱼儿们走动的地方"。泸沽湖有这么多种颜色，玉米拔节的声音多么美妙，小鱼儿们，让我们碰碰嘴儿后再相忘于江湖吧。一湾瓦蓝泸沽湖，两匹马，八亩地，数不清的猫猫狗狗、花花草草、时蔬鲜果，一年有四季，四时长安心。

风铃叮当，听湖唱晚

前院的格桑花海，掌柜如风和憨豆

房　价

客房类型	价格（元）	客房类型	价格（元）
湖景房、家庭房、双床房	280 ~ 380	摩梭祖母房	380
阁楼复式家庭房	480	豪华湖景房	990

云上的家

掌柜素描

掌柜如风是一位诗人，2010
年"翻山越岭、穿行在云海里才
来到了泸沽湖"，无意间偶遇了
一片向日葵和格桑花海，回去后
对此一直念念不忘。第二年春天，
她下定决心再来泸沽湖。对美的
敏感，对梦的执着，让这座泸沽
湖畔尼赛庄园"云上的家"得以
呈现，成了一座"面朝大海，春
暖花开"的诗意栖居。

"老了的豆角挂在蔓子上荡秋千，扁豆紫红，芸豆干黄。芸豆种在院子边缘，趴在木栅栏上长，一直被忽视，想起来时，已经被牛马收去了，零星剩下的，也许还够明年的种子。南瓜、小瓜在收庄稼的时候，一并都砍了。苦青菜累了，停止了疯长……"

这一段摘自尼赛庄园掌柜如风的泸沽湖生活日记。2010年秋季如风来到这里，在泸沽湖畔，她无意间偶遇了一片向日葵和格桑花海，也不知地址名字，回去后对此一直念念不忘。第二年春天，她下定决心再来泸沽湖，顺利找到一块开客栈的地，定睛细细一看，正是那片花海所在之地，就是这么冥冥中注定。

泸沽湖畔散落着许多村子，大落水、里格、尼赛、达祖……一颗颗明珠般依偎在湖边，尼赛村开发程度较轻，村里有不少居家生活的摩梭人。尼赛庄园前依泸沽湖，后偎着格姆女神山，院子超大，前院门直开到泸沽湖沙滩边。

院内有马厩、池塘、菜地、花园，推开大厅门，一个开阔的小露台正对泸沽湖，还有湖边那两株著名的情人树，天蓝水澈，彩霞昭昭，坐在这里吃自助早餐，真是再惬意不过。早餐大部分都是庄园里自产的——苦荞饼、小米粥、泡萝卜、炸土豆、煮玉米……庄园内大部分客房都是湖景房。坐在湖景露台的摇椅上，蓝天与湖水一色，迎面有微风徐来，眯睡在这高原上特有的清冽空气里，不知魏晋。

庄园一共有 18 间客房，风格不一，其中最有特色的要数"摩梭祖母房"和"月亮之上"了。摩梭祖母房，繁复雕花壁栏，极富摩梭风情。此外，还有多种风格房型：地中海式、中式带浴缸的蜜月豪华房"月亮之上"、东南亚式幔帐房、欧式白色浪漫式婚房……

西式白色大床房，偎湖的浪漫

春暖花开的诗意栖居

　　尼赛庄园的成员有点多：除了工作人员外，有两匹马，一白一褐，四只花猫，还有两只狗，几只小黑猪，家丁兴旺时还有更多。动物家谱说完了，还有植物，有玉米、土豆、苏麻、向日葵、格桑花，还有樱桃树、苹果树、木瓜树。高原上树木生长缓慢，院子前的几棵桂花树反倒越种越矮。秋天丰收季时，收获的粮食果子吃不完的，想办法储存下来。自给自足之外丰裕的，分送给邻居；实在收不了的，任它们长在地里、挂在树上，分享给家畜野鸟们。

　　土豆窖存起来，豆子晒干了后可以用来磨豆腐。收获的樱桃、苹果，发酵酿成果子酒。尤其是白菊酒，清香微苦，很受欢迎。村后的山上，到九十月份产松茸的季节，掌柜如风会

客栈资讯

地　　址：
云南省丽江市宁蒗县永宁乡尼赛村
电　　话：
0888-5881998、18608886228
微　　博：
@尼塞庄园的管家
预订方式：
可搜索"尼赛庄园"登录官网预订，
也接受电话预订，预收全额定金

庄园门前即是泸沽湖

带着住客们一块儿上山采野菌，现采现做松茸野菌大餐，还可以做成松茸泡酒。庄园除了免费自助早餐外，还有午餐、晚餐提供。银鱼煎蛋、红烧湖鱼、烤乳猪都是庄园里大受好评的经典菜。

尼赛庄园作为协办单位举办过 2012 年"全国诗歌笔会"。这里也是云南省作家协会写作基地，常常是"谈笑有鸿儒，往来无白丁"。

泸沽湖畔的梭罗

《瓦尔登湖》一书，对我的影响很大。作者梭罗在他老家康科德城的瓦尔登湖边建起一座木屋，过着自耕自食的生活，与林子里的小动物们分享自种的劳动果实。简单朴实的日

住客反馈

泸沽湖的尼赛庄园，幽静的慢生活，拉开窗帘即是天水一色，院子里马、狗、猫、猪、鹅和谐相处，哪都不愿意去，就想窝在旅馆里。
——新浪微博用户，颜丽红-Tina

前面是清澈美丽的泸沽湖，后面是云雾环绕的群山，摩梭风情的尼赛庄园穿插在一片梦幻花海中，绝对是情侣夫妻浪漫度假之首选。
——新浪微博用户，猫娜娜要周游

很舒服，推开窗就看得到湖。住的是纳西特色的"祖母房"，婚房一般红色的喜庆格调，还有一张小茶几、榻榻米，同亲爱的围坐在一起喝茶、聊天、看书，看日出日落，写意的生活。幸福就是这样淡淡的。泸沽湖的猫猫狗狗真的很幸福，有机会的话，会再去。
——艺龙网，lulushuiyu

1	4
2	5
3	6

1.尼赛庄园 2.自种、自收、自做的苦荞饼和苞谷糙粥 3.大厅茶座 4.浴室细节 5.地中海风情大床房 6.复式观景房。细节处见关怀，每个房间都配备了加湿器

子，脚踩在土地上，心落在肚子里。像梭罗说的："不仅要观日出和黎明，如果可能，还要瞻仰大自然本身！"或许对在偏远地区开客栈的掌柜们来说，都因着这种情结而选择了入住"桃花源"。尼塞庄园的庄主如风，也是泸沽湖畔的"梭罗"吧。

曾和朋友们聊中 500 万彩票怎么花，我的花法就是买座庄园，自耕自足。我没中彩票的运气，幸而遇到了尼赛庄园，享用到了庄园主般的桃花源生活。

承蒙如风和所有庄园成员的热忱好意，我在尼赛庄园待了两天，和他们打成了一片，其中也包括那匹帅气的"白马"。晚上我随着如风一道喝茶饮酒——自晒的药草凉茶，自酿的苹果酒、菊花酒。她跟我聊去年跟当地人进山里采菌子的情形：未开伞的鸡枞，便宜得吓人的松茸，还有野苹果等。趁着菌子生长季大吃一季，吃不完的晒干，像松鼠一样储存下来做来年的预备粮。听得我一愣一愣的，咽下口水跟如风商量："要不明年我来给庄园打杂吧？"

我住在二楼一间地中海风格的房间里，推门即见美丽的泸沽湖。一天下来，能变幻出瑰丽

享用尼赛生活节奏，慵懒的猫

多重的蓝色，蓝得摄人心魄。我听从如风的建议，早早睡下，早早起床，裹着被子在阳台上欣赏泸沽湖日出，壮丽得难以形容。

凤冠霞帔般的朝霞倒映在泸沽湖上，朝阳投下缕缕光亮，湖面泛起层层粼光。早起的渔民乘着猪槽船"出海"打鱼了，光影变幻粼粼，大地静谧阒如，真当要感谢这天时与地利。

跟着店员去湖边拍照，借穿她的传统摩梭服饰临时扮演一回摩梭姑娘；随着小杨去放马（虽然大部分时间都是在找马）；晚上，一个摩梭小伙子过来撺掇大伙儿去跳篝火舞。尼赛村每晚都有固定的篝火晚会。当地的摩梭人围着篝火唱歌跳舞，还会与游客们对歌互动。几十人围成一圈的大队伍，跳得不亦乐乎。火光中映照着摩梭小伙儿和姑娘们的脸，别有一番民族风体验。

泸沽湖地处高原，春天来得晚。我来的不是时候，尼赛庄园前后院的花花草草还没长开来。据店里的大姐说，要是夏秋时节过来的话，这里就像是一个童话世界。我可以想象得出来：前院后院开满了格桑花，玉米挂着穗子，豌豆吐着花儿，猫儿们在花丛里捉蝴蝶，马儿在不远处的湖畔饮水，如风忙着将收获的成熟花种分装在信封里，寄给天南海北结缘的住客们。

泸沽湖旅游推荐

🔺 泸沽湖环湖

　　泸沽湖为川滇两省界湖，有"高原明珠"之称。水天一色，清澈如镜，藻花点缀其间，缓缓滑行于碧波之上的猪槽船，徐徐飘荡于水天之间的摩梭民歌，如临仙境。可以租借自行车或者电动摩托车环湖，从尼赛出发，依次路过小落水村、情人滩、达祖村、赵家湾、草海、大落水村、观景台、里格村。

吃喝玩乐掌柜推荐

○ 摩梭家访。尼赛村里的摩梭居民都非常好客，如若时间方便，他们会很欢迎你的参观，也可以接受摩梭餐饮预订。接待客人的客厅往往是"祖母房"。

○ 扎美寺。摩梭人和普米族地区现存最大的藏传佛教寺院落，属于格鲁派。殿内供奉着宗喀巴像，还有格姆女神及其他神佛的塑像。举行法会时，数百名喇嘛身披袈裟，头戴黄色鸡冠帽，集在一起举行仪式，蔚为壮观。

○ 湖边拍日出、拍星轨。泸沽湖地处高原，空气质量优良，天空澄澈，是晚上拍摄星轨的好地方。

摩梭姑娘与大厅壁炉

其他客栈推荐

五彩里阁

　　五彩里阁位于泸沽湖云南段里格村，复式跃层大套房，楼中楼设计，以五色风马旗经幡颜色为主题，设计独特，颜色夺人眼球，是里格湾的一个标志性建筑，也是里格村唯一拥有面湖观景、私家露天大平台及私家后院的客栈。可以在自家院子烧烤。客栈建成于2008年，由掌柜老沈亲自设计。老沈豪迈耿直，阅历丰富，是个玩家，半个摩梭人，走过许多当地摩梭人都没到过的地方，能带你体验不一般的地道摩梭文化。老板娘四条，厨艺佳，在这里可以品尝到地道的重庆菜。客房仅有8间，房价300～380元/天。

■ 地址：泸沽湖里格村里格湾　　■ 电话：0888-5822717、15008787933
■ 微博：@泸沽湖五彩里阁四条

五彩里阁，五彩筑梦

泸望达

　　泸望达算得上是泸沽湖范围内与湖距离最近的一家客栈。原是"挖玛若家园"，是村长的家，被崔掌柜接手后，更名为"泸望达景观客栈"，是达祖村唯——家 270°观湖景客栈。在客栈的任何角落，无论是在露台摇椅上喝早咖啡，还是在湖边餐厅享用午餐，抑或是在午后充满温暖阳光的玻璃房中品味下午茶，举手投足之间，便与湛蓝或幽绿的湖水静静相对，偶尔可见猪槽船悠悠划过。夏季的时候，野鸭成群游弋，推开木窗，下面就是开满海菜花的湖面。房价198～888元/天。住客均享受泸沽湖镇汽车站免费接送。

■ 地址：泸沽湖达祖纳西古镇达祖码头　　■ 电话：0834-6302194、13881841070
■ 微博：@泸沽湖泸望达客栈

1. 睡在碧波荡漾中　2. 凭湖临风，碧水连天　3. 蜜月圆床房，带独立私密露台

浅忘小筑

泸沽湖最佳观景地应属里格半岛，而浅忘小筑客栈就位于里格半岛东部末梢位置——黄金地段，视野超级开阔。所有房间都是百分百的全湖景：一楼超大玻璃，超宽飘窗台，随意靠坐，可以惬意欣赏湖景；二楼大面积观景露台，视野内尽是蔚蓝湖面，望着湖景可以小酌，也可以发呆，晚上还可以数星星玩儿。客栈有 2 个标间、7 个大床房。房价 580～1080 元 / 天，均含早餐。

■ 地址：泸沽湖里格半岛东面　　■ 电话：0888-5822400 、15812226246　　■ 微博：@丽江浅忘小筑客栈

1 / 2 / 3　　　1.泸沽湖最文艺的大厅　2.大幅落地窗，醉卧泸沽湖之上　3.浅忘在这一方碧水蓝天里

客栈特色

■ 实木藏式风格
■ 客房铺设地暖
■ 热心掌柜

香格里拉
子丰轩精品客栈
——永恒的香巴拉

"太阳最早照耀的地方，是东方的建塘，人间最殊胜的地方，是奶子河畔的香格里拉。"《消失的地平线》里的香巴拉已经无从考据，但是走在路上的人，心中自有一个香巴拉，在哪儿？在那儿。

客栈主楼外观，重重复重重般精致

香巴拉的颜色

房　价

客房类型	价格（元）	客房类型	价格（元）
商务标准房	285	舒适大床房	337
精品大床房、家庭房	388	豪华大床房	428
豪华商务大床套房	588	豪华家庭套房	588

为涅槃的独克宗点亮一盏灯

掌柜刘晓丰，常常称自己是个包工头（是个上得了厨房、下得了工地、玩得了摄影、跑遍了世界的包工头而已）。在香格里拉开客栈之前，他曾当过兵，进过体制内，开过驾校，承包过工程……刘掌柜同时也是个旅行达人，走过 40 多个国家。不断地走走停停，终在香格里拉一再停留，最后决意在这儿开家客栈。

独克宗古城据说是按照佛经中的香巴拉理想国建成的。对于行走几十年、去过 40 多个国家的旅行达人刘掌柜来说，子丰轩也是他亲手为自己、为在路上的旅人打造的香巴拉。

子丰轩地处独克宗古城中心地段，距四方街步行仅 1 分钟，公交站台也就 3 分钟，龟山公园近在眼前。客栈是一栋二层藏式建筑，全院占地面积 1 亩，门面外观纯实木打造。雕梁画栋，繁复而神秘的藏式图纹，细节精致，全是依据藏式富贵人家的建筑打造的。客栈拥有 15 个房型多样的客房，有 100 多平方米的公共区域，图书阅览区、茶座、电视区、独立小院的廊式阳台、晾衣房，应有尽有。

前台右侧有 3 台公用电脑，超过 5 个无线网络发射点，信号很强，全院范围覆盖。大厅公共区域分为两块：一块是电视观看区加茶座，另一块是图书阅览区加雅座。角落里点缀着娇艳的鲜花，大大的落地窗临街而立，闲适时也可倚窗看过往行人发呆。一壶茶或一杯咖啡，一米高原阳光，即使不出门，也是一段最轻松惬意的时光。

藏地时光

内地的春天都过完了，可是香格里拉依然那么冷。从丽江坐车西上，一件一件地加衣服，幸好我带了一件厚外套，不过在户外还是把我冻得直哆嗦。

子丰轩客栈非常好找，从独克宗古城北门直走到白塔公园山下，右拐即是。还没进门，便看到掌柜在二楼走廊维修房檐。那时古城刚遭受了一场火灾，虽然子丰轩客栈主体部分没有遭灾，但还是殃及到了木头房檐。

客栈的硬件设施堪比星级酒店，所有房间都设有地暖。

大厅，缭绕在五彩藏旗间，加上四周刘掌柜拍摄的西藏与印度的照片，氛围相称，藏味浓郁

香格里拉这个高原小城，气候寒冷，夜晚多数在零度以下。对于我这个从凛冽寒气中归来的住客来说，温暖的房间无疑是个大惊喜。我仔细算了一下，房间地暖升温较快，1 小时升温 5 摄氏度左右。相比较而言，古城多数同价位客栈都是电暖气片或者电热毯，少有做到全院客房铺设地暖，这点值得大赞。

床品都是独家定制，有"子丰轩"刺绣标志。所有家具均是实木打造，搭配典雅厚重的窗帘、壁纸，整个房间大气沉稳。沐浴、洗发用品都是精挑细选的法国进口品牌，浴室设计干湿分离，24 小时热水，水量充沛。

晚上，一家遭了灾的客栈老板，带着带鱼等食物前来搭餐。刘掌柜放下维修活计，进到厨房开启厨男模式，大煮干丝、红烧带鱼、白切猪肝……在去哪儿网看子丰轩评论，好几条纷纷

客栈资讯

地　　址：
云南省迪庆藏族自治州香格里拉县独克宗古城措廊 34 号

电　　话：
13308874383

微　　博：
@ 香格里拉子丰轩精品客栈

预订方式：
可在携程网、去哪儿网、艺龙网、agoda 等订房网站预订，电话预订需交定金。入住两晚以上的住客，可享受免费接机 / 接站

大厅茶座，公共电脑，公共大屏电视和茶座

描述刘掌柜是个老帅哥，没想到还是个精通厨艺的老帅哥。

坐在客栈大厅，刘掌柜点上了藏香。香炉做工非常精致，藏香袅袅升起，缭绕在五彩藏旗间，藏味浓郁。

谈及这个客栈，刘掌柜唏嘘不已。他早十多年前便来过香格里拉，一来就喜欢上了；再来就签下了一块地，但无奈因为事业，那块地一直荒着，直到两年前才彻底搬来香格里拉，开始新移民生活。

刘掌柜说，非常乐意跟住客分享他的私家攻略。香格里拉有许多好去处，可是大部分旅客只知道独克宗古城和松赞林寺等几个地方。"给你推荐条徒步路线吧。"刘掌柜又开启背包客模式了："徒步从尼汝到香格里拉。尼汝离县城大概70多公里，因为交通不方便，多年不被外人知晓。长期生活在尼汝的藏民们过着日出而作、日落而息的悠然生活，简直是香格里拉最后的秘境。去这里有好几条路线，较为轻松的一条是先坐车到普达措森林公园，然后从属都湖徒步到尼汝，大约两天的时间。对了，还有碧沽天池，杜鹃花开的时候……"

真替那些找到自己的香巴拉归属地的人们高兴，也为这片被人深深眷恋着的大地高兴。

1	3
2	4
	5

1.豪华大床房，地热采暖，星级享受　2.前台区　3.定制的刺绣床品，精致中见用心　4.浴室　5.精品大床房，卧室、浴室干湿分离

住客反馈

这是我此次云南旅行一路走过来性价比最高的客栈了，在双廊900元一晚的客栈都没这里住得舒服。来之前没想到此等价位居然还有这么好的客栈，装修得精致，布局合理而且还非常干净，值了！老板为人热情仗义，我们聊得很是投缘，免费蹭了啤酒、白酒及自酿高度酒。谢谢您的热情款待，也谢谢您把您的朋友介绍给我认识，缘分！另外值得一提的是，有个酒店客人不舒服，老板还亲自开车带病人去医院，从小事看得出是个有责任心的好人！
——去哪儿网，xhzc6498

超有品位的一间藏式风格客栈，在古城的一片灰烬瓦砾中，愈发显得风姿卓然。每天晚饭后，喝着老板亲手泡的滇红，听他讲游走各地的见闻，欣赏其专业水准的摄影大作，是我们此行意外的惊喜。
——去哪儿网，xlfn

客栈硬件完善，老板很有想法，细节之处非常到位。卫生间的毛巾、拖鞋干净整齐，杯子用具很上档次，地暖太舒服了，温馨惬意不比酒店差，超出预期。下次再来不用选择还会入住这里，去找朋友，去享受舒适的大床，去发呆，去品尝老板的做菜手艺。
——携程网，118086****

藏香袅袅，潜心忘物

开客栈也是一种修行

"子丰轩营业较晚，从 2013 年 10 月算起，12 月进入淡季，2014 年 1 月独克宗古城不幸遭遇大火，烧掉近 2/3 的古城，子丰轩客栈虽说幸免于难，但部分建筑也遭了灾，之后一直忙于修复工程。所以截止到 4 月，真正的营业期也就两个月，但是在携程网、艺龙网、去哪儿网订房网站上，总共 70 多条旅客对子丰轩的入住点评，无一例外 100% 的好评率——对于众口难调的客栈服务行业来说，这个成绩是非常难能可贵的。

"你只感受到我的悠闲，却无法体验到我的孤单。你有都市生活，我有高原阳光。你是都市夜店小王子，我是高原客栈的守夜人。你可以轻视我的工作，但不要忽略我的付出。高原客栈生活注定是孤独的旅行，但那又怎样，即使没有你的感激，我也守着最后一盏灯为夜归的你照明。我是高原客栈的店主，我为自己代言。"

——子丰轩客栈

图书室，书香缕缕，高原也可以如此文艺清新

因为自己丰富的旅途住宿经历，刘掌柜深知一个好客栈应该
注重为旅客提供哪些帮助——24小时充沛的热水、舒适的床
卧、高速畅行的无线网络，还有适宜而不客套的照顾。遇到
有初来不适应高原气候的住客，掌柜会送上水果、糖水，简
单的举动却大有帮助。有一次一位北京的旅客来住店，半夜
突发高原反应。刘掌柜帮忙开车送往机场，并且爽快地退掉
全额房费。此外，刘掌柜的博客写得不错，博客名"让心去旅
行"，常常上网易首页。除了舞文，他还弄武，玩得一手好厨艺，
那些有幸搭餐拼饭的住客们有福啦。

2014年年初的一场大火灾，使得独克宗古城蒙受了巨大
的损失。子丰轩客栈虽躲过大劫，却也损失不少，客栈的门
面被损坏，刘掌柜花了两个月时间重新修复。好几家客栈老
板为了重建事宜，暂住在子丰轩这里，刘掌柜就每天为大伙儿
下厨做饭菜。在子丰轩大厅，晚上可以看到龟山公园上的转经
筒散发着橘黄色温暖的亮光，默默地守望着火灾过后正待涅
槃的独克宗。有一种修行叫作守望，因为部分人的守望，这片
藏地香巴拉的美丽圣洁才能光芒万丈。

香格里拉旅游推荐

▲ 纳帕海自然保护区

　　草原、湖泊、黑颈鹤组成了纳帕海，在云南中甸城西北 8 公里处。夏季时，各种野花满满当当，这个草原坝子简直就是花海。西面的石卡、堪巴龙、雅拉三大雪山峭然挺立，与草原相映成趣，美不胜收。

▲ 普达措森林公园

　　普达措森林公园的主要看头是碧塔海、属都湖和"三江并流"。公园拥有湖泊湿地、森林草甸、河谷溪流，珍稀动植物遍布，原始生态环境保存得非常好。

吃喝玩乐掌柜推荐

牦牛肉火锅和青稞饼

○ 一尊牦牛火锅店。在神川巷 11 号，口碑好，一人一个小锅，汤底分清汤和红汤（辣）。高原牦牛肉正宗新鲜，黑香猪肉也不错。

○ 毛胡子海稍鱼火锅，又名"宾川一家人"。鱼量大，而且味道鲜美。临近香格里拉县交通运政管理所。

○ 碧沽天池。周围不仅有大片的原始森林、绿茵茵的牧场、安静的牛群羊群，更动人心魄的是五六月湖畔的杜鹃花。到花开时节，群芳竞相吐艳，湖畔就成了湖水所围系的美丽花环。国道 G214 往丽江方向，从大概 20 公里的联合村路口进入，再行驶约 30 公里。路况不好，自驾的话 2 小时，也可选择徒步或者骑行。

其他客栈推荐

青稞别院

　　一栋用超过 200 年的木材建造的藏式老房子，是整个独克宗古城最老的宅子。有县志可考，其前身是一官员的府邸，名为"银官府"。藏式风格浓郁，客房内的装饰画以及橱柜家具等，都由寺庙里的喇嘛手绘而成；门帘、床旗都是掌柜特意去藏族衣帽店专门定制的。青稞别院在香格里拉还有一家同名青年旅舍，这两家店的营业利润，都将用在店主陈燕和白玛活佛主持修建的迪喜慈善学校上。藏传佛教宁玛派的传承人白玛活佛也常住青稞别院，对藏传佛教有兴趣的，可能会见到白玛活佛和众喇嘛齐聚在青稞别院做法事仪式、念诵经文。房价280～880元／天（含早餐）。免费接送机，免费茶饮。

■ 地址：香格里拉古城金龙街伦火廊 4 号　　■ 电话：0887-8290688、13988726016

1.龟山公园脚下的纯正藏院　2.窗帷、沙发布都是专门找藏族师傅定做的　3.考究的内饰，房内火炉可不是摆设哦

撒娇诗院

　　这是独克宗古城的一家王牌老店，客栈前身是拉达达土司府。撒娇诗院以藏书极多（目前已有 10000 多册，且还在递增）、艺术氛围浓厚著称，每年都会在此举行全国性的诗歌朗诵会和艺术展览。撒娇诗院是撒娇派诗人默默老师在香格里拉的艺术沙龙据点，对部分艺术家，掌柜拿出极大的诚意款待他们，免费吃住，久居亦安，颇有古人"门客三千"的意味。默默有一句名言："商人有会所，诗人也应该有会所。中国古代有岳麓书院，我只是希望恢复沙龙文化。"客栈共有 18 间客房，精品房内都设有图书角，三楼豪华套间像是住在美术馆一样，推开房门便是展览馆。平常房价 180 ～ 2800 元 / 天。

■ 地址：香格里拉古城金龙街 58 号　　■ 电话：0887-8227912、13988778451

1. 住在美术馆　2. 雍容大气的土司楼
3. 书香茶座，一屋春光

客栈特色

- 邓丽君音乐主题
- 超大露台
- 配置高档

和 顺
29 号公馆
——又见炊烟起

"又见炊烟升起，暮色照大地"，一曲《又见炊烟》道出和顺古镇之诗情，道出 29 号公馆之画意。坐在和顺古镇的制高点——公馆二楼的大露台上，眺望远处，古镇周边春明景和，沃野千顷，白鹭成行，蝶舞翩跹。在邓丽君的歌声里，择一城而怡然安居，修一栈而自得乐业。春风十里，不及你歌喉婉转嘤咛；春风十里，不及你眼底频频笑意。在和顺的湖光山色间又见炊烟起，湖泊一扁舟，不如归去，不如归去。

卷帘后的屋舍俨然、良田美树

客栈大门

房　　价

客房类型	价格（元）
双人床标准间	280
大床房（无露台茶室，仅1间）	180

客房类型	价格（元）
大床房	380
套房	480

小城故事

掌柜素描

蓉蓉掌柜，高学历美女，北师大心理学博士。非音乐专业科班出身，却歌喉甜美，唱起邓丽君的歌来，嘤咛婉转，绘声绘色。她放弃了学界事业，在和顺这座边陲小镇定居下来，"此心安处是吾乡"。对邓丽君音乐的情结难舍，为圆心中夙愿，她毅然打造了一个以邓丽君为主的怀旧经典音乐客栈。

"初夏的夜空浮着美丽的云彩，异常明亮，具有这个季节特有的暖意。当我们走进 29 号公馆，感觉很不同，如童话里的城堡、一个梦境。伴着曼妙舞曲、甜润而流畅的歌喉，我驻足欣赏，澈如溪水的情感流淌纱幔四周。循声望去，歌声是出自一个女孩，一日行走到此，并深深爱上这里，爱上这山、这水、这老宅、这古镇。夜晚，我们围坐茶棹泡壶茶，歌声落在茶杯中，茶的滋味就更美了。"

这是罗大佑来 29 号公馆入住后的点评，形容熨帖到位。除了罗大佑，29 号公馆还接待过很多名人，如齐秦、张泉灵等。

29 号公馆以台湾歌后邓丽君的怀旧音乐为主题，整个庭院飘散着经典浪漫的怀旧音乐，精心打造的音乐咖啡厅、书吧到处陈列着邓丽君的经典海报、黑胶碟。在这里还可以欣赏到邓丽君一生的全套演唱会，这可是主人的远洋朋友最宝贵的馈赠。此外，29 号公馆的客房全部以大家耳熟能详的邓丽君经典歌曲命名，比如"甜蜜蜜""小城故事""一帘幽梦"。

掌柜们还接手了两个院子，位于古镇野鸭湖畔，幽幽绿水，白鹭青天。一家名为"福满楼"，当地富贵人家的大院子，满室红木雕花家具，全部都是缅甸进口而来。尹家坡的制高点，面临湖畔，背倚苍翠古树，气度不凡的风水福地。另一家则叫作"荷之韵"——以"荷"为灵魂的主题客栈。院子上上下下所有物件都围绕着荷展开，精致的小家碧玉风范。

西塞山前白鹭飞

我住在二楼"小城故事"，在隔壁房间窗前，有一个超大露台，也是公共活动空间。凡来入住的客人们，一到这个露台来，无不赞叹——地理位置太好了。一派炊烟袅袅的田园风光尽收眼底。三楼位置更佳，主人家特意配置了一副星空望

何日君再来

远镜，栖息在水田的白鹭鸶，仪态万千，用望远镜看，它的每一根羽毛都清晰可见；用来看夜空，月亮表面、星芒一一呈现。

蓉蓉掌柜绝对是个大气的四川美女，看客厅桌子上的那束超大百合花就知道了。对于客房内饰掌柜也毫不吝啬，客房装修精致，鲜花常备，配置高档：五星级酒店特供的床上用品，三层加厚超舒适地毯（保证解决砖混木结构楼房的隔音问题），全套豪华卫浴，纯铜仿古淋浴器、毛巾架，壁挂式 CD 音响，免费供应工夫茶、胭脂红、梅子酒。

暮春时节，惠风和畅，和顺古镇一派清明气象。坐在二楼露台，享用前台大姐用心做出的免费早餐——肉酱青菜汤米粉 / 饵丝、包子、豆浆、油条、稀饭、小菜。进口的雕花陶瓷餐具让我整个早晨都心情明亮！

客栈资讯

地　　址：
云南省腾冲市和顺古镇尹家坡 29号（刘家大院前行 20 米）

电　　话：
0875-5158001、18611995379

微　　博：
@ 和顺 29 号公馆精品客栈

房　　价：
520 ~ 880 元，所有客房均含早餐

预订方式：
在去哪儿网、艺龙网、携程网均可预订，电话预订需提前支付全款房费。凡入住三天以上，免费接机 / 接站；入住五天以上，免费接送机 / 接送站

一壶花茶，29 号公馆的悠然时光

　　饭后，蓉蓉掌柜说带我逛逛古镇。我当然高兴——有这个古镇新土著带路，肯定能发现好东西。跟随着蓉蓉掌柜穿街走巷，去"进康小吃"家吃了稀豆粉就油条、野鸭湖畔不知名大爹的松花糕，路遇一位熟人还进他家里吃了刚做好的凉米虾。最难忘的是小街上的"寸氏卷粉"，蓉蓉掌柜告诉我，寸婆婆从 16 岁开始摆摊卖卷粉，一直到如今 80 多岁，她做的卷粉是全和顺公认的最好吃的卷粉。借蓉蓉掌柜的福气，我免费来了个和顺古镇"小吃半日游"。

　　她还告诉我，和顺"胖姐拿手菜"家的烤鱼，"三成老宅"家的油浸菌、糖醋排骨、蒸鱼，堪称古镇代表。逛完之后我才明白，蓉蓉掌柜所说的"逛逛古镇"约等于"吃吃古镇"吧。

生活，在风景与理想中 — 地 — 客栈

住客反馈

29号公馆是我住的所有客栈里最好的一家，我在腾冲玩了差不多一个星期，住了不同的客栈，就29号公馆最好。客栈位置很安静，露台风景太美。不想出去逛的时候就闲在客栈晒太阳、发呆、秀照片。最幸运的是，晚上赶上了清清和黄蓉的怀旧演唱（据说这得客随主性才听得到哦），夜晚繁星，气氛甚好。管家请我们免费喝着当地的胭脂红酒（据说是30元一杯的哦），大家围成一圈，手拉手跟着主人家唱起来。这样的客栈体验确实是头一回，估计也不会再有。总之，这里的一切都太棒了，像在家里一样，一切都那么随和，下次来和顺就直奔你家了。

——携程网，M4287****

29号公馆在小巷深处，小镇的最高处，像藏在深闺人未识的姑娘。房间大大的，装修独具匠心，黄铜洁具，青花瓷的面盆，青石板贴面卫生间，有特色而不简易，五星酒店的便利舒适。住宿超满意，老板娘亲切热情，像老朋友那样直呼姓名。

——艺龙网，怡然偶得

1
2 | 3

1.客房之"南海姑娘"，三层地毯，隔音效果非常好 2.客房之"月满西楼" 3.客房之"一帘幽梦"，虽是半地下室，但胜在私密宽敞，性价比高

青箬笠，绿蓑衣，斜风细雨不须归

　　蓉蓉掌柜讲起自己与和顺结下的机缘时说："一切都是最好的安排。"2012年她和丈夫恒哥准备卖掉昆明的房子，搬去四川生活，在等待收款的前一周里，他们自驾来到和顺度假。那时正值夏季，和顺开遍荷花，小雨下着，滴滴答答，满山遍野笼罩着雨雾的薄纱。撑着小伞徜徉其间，在吃饭的当儿，他们和饭馆老板闲聊，随口说了句"这里太美了，要是能定居在这儿就好了"。没想到饭没吃完，已经有村民找来，邀他们去看房。到了一看，景观视野太棒了，地处古镇中心制高点，可一览古镇、火山、湿地全景。古镇的民居青瓦白墙，鳞次栉比，远处青山如黛，还绕着一条青烟白纱幔。于是毫不犹豫地签下了合同，真真合了一句古诗："青箬笠，绿蓑衣，斜风细雨不须归。"

　　因为门牌号是29号，蓉蓉便将客栈命名为"29号公馆"，后来才发现，邓丽君的生日居然就是6月29

1	
2	3

1. 浴室全景，卫浴用品一应俱全　2. 精致卫浴　3. 茶底的和顺，窖藏的"中国最美乡村"

号，可谓是冥冥中自有缘分注定。蓉蓉的一句口头禅是："我相信来到我面前的一切，都是最好的安排。"在客栈掌柜这个角色中，蓉蓉乐在其中。

"独乐乐不如众乐乐"，蓉蓉也把自己的这份欢喜散播到住客朋友中。有个客人住了好几天，退房时说很喜欢客栈里的枕头。蓉蓉见状，就送了一只枕头。住客走的时候，满心欢喜，抱着枕头穿街过巷。一对情侣来 29 号公馆住店，在此之前，小伙儿多次向女朋友求婚未果。这次住在客栈里，在大伙儿的鼓动下，小伙儿再次鼓起勇气向女朋友求婚，可能是当时月光下的客栈太浪漫，也可能是蓉蓉的歌声太动人，求婚就这么成功了。后来，这对情侣在四川绵阳举行婚礼，女孩邀请

1

2 | 3

1. 赠送一份闲适与你　2. 定制的早餐，香喷喷的肉酱饵丝让人食欲大增　3. 掌柜留给下榻住客的贴心字条

蓉蓉和恒哥去参加他们的婚礼并担任证婚人。掌柜俩被这份信任打动，不负厚意，特意挑了一对翡翠首饰远赴他们的婚礼。现在他们的娃娃都一岁了，大家仍在保持联系。

除了待客如友，蓉蓉对店里的工作人员也非常好，其中一个前台的儿子还是她认下的干儿子，晚上去饭店吃饭，蓉蓉还会特意叫上员工一家子一起去。"我是为了享受生活，要是谈前景福利，我之前的工作肯定发展更好，但我更愿意享受在腾冲的日子，在这里遇到的每一个人、每一件事，都是最好的安排。"

生活为先，生意在后，真性情的人总会福报更多。

和顺旅游推荐

和顺古镇里中国最大的乡级图书馆

▲ 和顺图书馆

　　这是全国最大的乡级图书馆。一个边地小乡镇，生生就建起一家图书馆，而且是在 20 世纪初建起来的。这里的每间屋、每壁墙、每棵树，都弥散着一股神奇的色彩。这里竟然还藏有百衲本《二十四史》，想不到在这样的边地小镇还能觅得其身影。

吃喝玩乐掌柜推荐

清夜里，语落金盆

○ 陷河湿地农家菜。这家的红烧鸭子获得交口称赞，此外还有油炸河虾、咸鸭蛋等。下了尹家坡，沿着一条荷塘小道走进去，白鹭在河道荷塘间起飞落下，悠然闲适，风景殊胜。从 29 号公馆到湿地农家菜，步行约 15 分钟时间。

○ 界头温泉。从和顺开往界头，一路风景，景景不同，尤其是油菜花开的季节，满路芬芳。大塘村的温泉，属于农家乐形式，除了温泉，还有餐饮、住宿服务。假如既泡温泉又在此住宿的话，总价大约 50 元左右，性价比相当高。

○ 银杏村。电影《武侠》的拍摄地。每到深秋，房前屋后，黄叶纷飞，异常美丽。珍贵的百年银杏树让这个小村庄显得古朴和深邃。从腾冲县城驱车 40 余公里即可到达。

其他客栈推荐

百岁园客栈

　　因掌柜家有百岁老祖母，故命名为"百岁园"客栈。掌柜姓寸，家族上几辈都是"走一方"下南洋的生意人。和顺的生意人素来以谦和诚信立本，到现在也是一样，踏实做事，信义为本。客栈院内的书法，包括正房上的对联匾、照壁上的"紫气东来"四个大字，都是掌柜寸先生的手笔。让人难以想象的是，寸掌柜曾经干了20多年的缉毒警察。老板娘董姐爱好玉石赏鉴，如果有入住的客人欲在腾冲买玉的话，不妨找董姐指导一二。

　　院子算下来有二三百年的历史了，虽然"文革"时期遭受损坏，但后来仍是依照老框架进行修复重建。客栈占地800多平方米，三坊一照壁，并吸收南洋西式风格。二楼的曲廊小阳台与巍峨端庄的传统大院毫无违和感，反而生出一种别样的秀气。房间淡季价格为280～480元/天。节假日会上涨。

■ 地址：和顺古镇图书馆背后　　■ 电话：0875-5159099

三坊一照壁，雄浑大气

青轩寒舍

　　一个精致小院，一个超大空间的花厅，两栋分别名为"青轩""寒舍"的客房主楼，整个小院可追溯的历史超过 200 年。内院开阔，四周没有高层建筑，白天太阳全时供应。内有一株小桃树，夏季可品尝到真正自家院子里长出来的桃子。《北京爱情故事》剧组曾在此取景，是剧中女主角沈冰的家；2013 年浙江卫视的《人生第一次》也在此取景拍摄。

　　掌柜朱哥，是个地道的北京老吃货，谈起吃就两眼炯炯有神，到一地吃遍一地，对于腾冲美食他是最在行了。朱哥之前的专业是啤酒酿造，来到腾冲后，作为一枚资深吃货，他重操旧业，在客栈自酿米酒，还泡各种果子酒。房间淡季价格为 320 ～ 460 元 / 天。

■ 地址：和顺古镇李家巷七社 30 号　　■ 电话：15187576165、15769996293
■ 微博：@腾冲和顺古镇青轩寒舍客栈

1. 静谧小院　2.《北京爱情故事》女主角"沈冰"的闺房，一切如旧　3. 自酿自泡果子酒，闻得见果实的甜美芬芳

客栈特色

■ 欧式花园庭院
■ 欧式客房

杭 州
珑璟心情民宿
——日日半隐

　　落地窗户外，栏杆挂着露珠点点，反映着阳光的温度。大草坪上已经有客人站着、叉腰、伸展，感知一天中最纯粹的时刻。如果你坐在走道旁的竹椅上，完全可以看到身侧两幢小楼是如何醒来的：开窗，开门，淋浴，下楼，端着早餐在花园内坐着；牛奶的暖香，粥的暖胃；小孩子们绕着小溪跑来跑去活泼的样子。这或许就是主人冲哥最初打造珑璟心情民宿的构想：旅游胜地外的杭州，应该还有一个生活中的模样。

红蔷薇的轻语

房 价

客房类型	价格（元）	
	非周末价	周末价
梦幻花园大床房	350	398
花廊大床房	480	550
群山大床房	580	650
花园家庭套房	710	780

客房类型	价格（元）	
	非周末价	周末价
花园大床房	380	450
梦幻花廊大床房	468	528
环山大床房	680	750

注：以上房价为网上预订参考价，节假日及旺季房价会有一定幅度的上涨

雨中弄蕊春一笑

掌柜素描

冲哥，十余年前也是相当能"闯荡江湖"的商界人士，某一年决定修身养性，为下半辈子考虑一二，才有了珑璟民宿心情。心宽，喜美食，爱发现"杭州一切的美好"，爱琢磨室内设计，有深度，文艺青年范儿。

漫天雨幕的时候，珑璟最美。闭眼，雨声自有交织。落在二楼雨棚的闷闷声响，如鼓，咚咚；落在金属旋转拉杆上，如磬，清脆；落在树上、栏杆的吊兰上、墙架的蔷薇花上，如语呢喃。雨幕笼着，屏蔽百米外的鸣笛声和行人言语。攀在花台上的凌霄花，枝展叶展，尽情吸纳雨露。最尖端的那抹嫩绿色，刚刚展开，带点卷，随雨滴一点一点全然舒展。

这是雨中珑璟，主人冲哥很喜欢。他喜欢在雨幕来临时变着法子、换着地方看雨、听雨。草坪的亭子里，适合微雨、小雨，细细密密地笼一身水意，一杯水放在手边。亭子虽小，四个人坐也是好。"有时一个人坐着，客人见得开心，也钻进雨幕，坐了进来，水杯成了茶壶，独享成了众乐。"又或者在一楼，或者正门口的太阳伞下，或者主楼房间外侧的小空间，都有桌椅，坐坐站站，看雨是风景，看人也是风景。二楼三楼也是，主楼副楼各有几套桌椅，凭栏而靠。冲哥介绍，设计之初的想法，便是叫客人住得舒服，又不忘同外部空间的互动。这些凭栏的桌椅，连起屋内屋外的景色，站也宜，坐也宜。

冲哥喜雨，喜绿，因喜欢杭州而常住，因常住而发现杭州的细腻与别致。此后，行远而知杭州，各色各处，远远近近，皆在掌握。他说，杭州更宜雨中行。树茂，叶多，雨一来，水自有，漫漫而行，心思开阔，眼界明朗。有时四下无人，诗词之意自来，好似雷雨过，半川荷气，粉融香浥，便是夏日的乐趣。

租下珑璟来，只为宅前的大片空地。"杭州的客栈多，靠山水增色的多，靠自己摆设出彩的多，有新意的也多，可是我还是想开客栈。"冲哥笑说，"你说我拿出什么东西能吸引客人呢？"辗转，反侧，实在很想有一家能自由打理的客栈，放入更多自己的心血。脑中悬来荡去，欧式花园的概念悄悄跑来占了个位置。

花园全景，漫在绿色里

杭州很美，山倒影，云千叠，横浩荡，舟如叶。"可是杭州的美，没有几分耐心是看不到的。"冲哥对杭州实在太熟悉，"我想说，万一我的客人们被太阳晒得太厉害，被雨水浇得太狠，被大批的游客挤得太烦躁，回到我的珑璟来停一停、歇一歇，还能觉得杭州很美。"所以花园里有大片的草坪，有水台，有花台，有小渠。

"以前的诗人做园子，总喜欢把天地万物都融进园里，名字也是，多个春秋。"为珑璟，他也曾想过文人到来的场景，那大概是"弄蕊攀条春一笑，从教水溅罗衣湿"，又或者是"忘机，夜深浪静，任烟寒，自载月明归"。

想象之外，还有"可是"跟着。"在所有的诗意之前，永远都是打地基的时间。"冲哥为了园子，特地请了一个经验丰

客栈资讯

地　　址：
浙江省杭州市西湖区虎跑路四眼井 11 号，近满陇桂雨

电　　话：
0571-87985811

预订方式：
在去哪儿网、携程网、艺龙网均可预订，也可电话预订

等你起程

富的花匠，每隔几日来摸一摸绿植红花的习性，筛去不良的，循环往复。"我从来没认为培育一个花园要多费劲，这次真的是学到了。"冲哥跟着花匠师傅，从 IT 男转成斗笠翁，每日早晨会先到花园转转。他笑着说："我如今转行当了，当个绿叶红花翁。"

民宿的气度

珑璟双楼的前身，是附近餐厅的尊贵包房。半隐山坡上，寻常人不得见，铁门也常常关着。寻客栈位置的冲哥，误打误撞来到了这里。彼时草坪无草，大片空地，楼也不似如今。他站在空地上，想找找感觉。除了楼，就是空地，一切很安静。他跑上跑下试了一圈，定格在某些位置上寻找感觉。"我想知道如果我住在这里，会不会感觉好。"他站在三楼上，远望，

住客反馈

久仰大名的民宿，环境优雅，温馨的花园，舒服的浴缸，可爱的鱼儿。孩子有种赖着不走的倾向。她对我们说，爸爸妈妈多赚钱，我每个月都要来这里。坐在院子里享受午后的阳光，喝着龙井茶，心灵的宁静啊。

——大众点评网，inconvenien

很漂亮的花园，也是最大的亮点，朋友看到照片后都赞不绝口。布局很精致，房间整洁，装修风格独特，有家的温馨。早餐可以送到花园里吃呢，我觉得早餐蛮不错了，比较适合江浙人的口味哦。喝的水是虎跑的泉水，老板还送了龙井茶。去西湖周边景点也很方便，景区公交系统很完善、很发达。

——携程网，E1565****

大爱，无论是复古的浴缸、巴洛克风的洗漱台、华美的落地大窗、屋外的卡吧，还是迷人的莫奈花园、园内播放着的蓝调乐、芬芳的百兰花、傍晚院落的人工降温，都足以让我爱上她。为此可以忽略点滴的细节，为此小娃哭着不愿离开，要买下入住的房间，为此给娃的承诺是每天给她攒点钱，等她长大了也开家这样的旅馆。

——携程网，M10204****

整个酒店的面积不大，房间不多，但是各个是精品。欧式的装修风格，精致的花园，低调奢华感的房间设施及内饰。房间是欧式田园风，特别受姑娘们喜欢吧！睡在这样的床上，一眼望出去的精致花园，冬日午后杭州慵懒的阳光，这一切，足以让你做各种美梦了。房间里的各种细节都体现了主人的用心，床上的靠枕、顶灯、沙发以及旁边配套的垃圾桶，还有超赞的复古电话机。

——去哪儿网试睡员，没品嬉皮士

不见马路，不见公交，层叠的树叶和露个坚定色调的铁皮仓库外，是群山影影。"我能想象住在这里的生活，每天的日子。就在那个时候，我决定要拿下这块地方。"

资金筹集完，轮到设计图纸，之后便是硬装、软装。当了许久建筑工的效果便是成功瘦身，且皮肤渐有小麦色调。"如今回来了一点，还是有肉的。"他大笑。那时一同看珑璟起来的员工，还有几位留在珑璟。"我们的员工都还挺稳定的，每天开开心心。我也不知道他们看见什么听见什么，总是能笑得一塌糊涂的。"冲哥冲着自家员工挤眉弄眼，又惹起一番"针锋相对"来。

1
2	3

1. 池塘里的"爱情鸭" 2. "群山大床房"之山景 3. 晨曦的第一抹光

沙发的浪漫

我试着问他，装修完到现在，珑璟也算打出了名号，算是杭州排名前十的民宿了，算不算达到最初的预期？他沉了一沉，回答我，其实好像还有点远。

墙漆补了又补，渐渐有了自己的气度；物品摆了又摆，成套的自有风格，残缺的也有故事。最关键的是，主人气定神闲、智慧满满，在他家里住着仿若在看一个故事的发生、渐变，一直到尾声。整个过程非常迷人，无疑的是，这样的民宿打上了许多主人的烙印，因主人的存在而熠熠生辉。

"我做的民宿，算是杭州酒店的另一种变形体。多多少少和国外的民宿不同，珑璟心情还很年轻。"他定义着，国外的欧式民宿有着相当多怀旧的情结，喜欢广泛使用木制和石制的传统家具，以及大面积装饰，给人一种温馨慵懒的感觉。"那

情人，默默相对

没有年份的积累，我想做民宿，要怎么办？"冲哥说，只要本质相同就好。所以珑璟代表的是一种田园美之外的现代感，一种新型住所的代表，对舒适和美都有追求，出于城市却能融于城市。"形不重要，神却重要。"冲哥说，只要路子对了，瓦陇竹根也是好。

烟霞影里，涌出楼台

前台的靠窗位置，那一排摆设令人感觉温婉。绿色小植物靠窗排排坐，小小的嫩芽，冒得高、冒得尖，绿色深深浅浅地铺陈开了。只这样一排，阳光就从直射变成洋洋洒洒的散漫感。几缕阳光漫到了远处，朝书架位置走。散文、小说、心理学书籍也在书架上排排坐，间或几只小天使展翼欲飞。书皮有些卷，显然平素有人翻看。

"舒适度和温馨感，或许可以概括所有房间的设计本源。"前台摆设的上心是第一步，7 款房型、20 间客房的内装摆设也要多花心思。比如主楼三层的 4 间"群山大床房"，名牌号分别为"神怡""心悦""流连""不舍"。

双色双人沙发同大床架子分隔出休闲区和休息区，也刻意避开高挑屋梁带来的空旷感。书架靠窗，配饰很多，满满一架；双人沙发同壁炉两两相对，一红一橙；大床相对简单，白色的帘幕围了一圈，带状式扣在床架上，一副只等你来安寝的模样，枕头在两侧绿漆床头柜的衬托下显得越发白皙；再入内，是洗手间，金属边框的镜子，金属边框的鱼缸，金属边框的水龙头，橄榄色的瓶子们扮演起"酱料"的角色，比金属色还能抢镜。

此时回望，最易陷进沙发里。从窗外看群山，一层连一层，一层叠一层，多少都有点诗词意境在里面，如"水月光中，烟霞影里，涌出楼台。空外笙箫，云间笑语，人在蓬莱"。远而见景，远而又不见景，心中有景，便是得意处。

"听雨""问伞""凡尘""若素"四间客房走的却是法式路线。沙发的繁华色调，埃菲尔铁塔隐在墙画里的暗示，线条张扬的"伪装版本"壁炉，原木的 1.8 米长大床，以及床头的三联画像组，都是精心打造的细节。淋浴间够大，不窄不挤；家具色彩鲜明，摆设匹配，不杂不撞。"这是我幻想中的世界，至少在最先设计的时候，我在脑海中一点点临摹过它们可能变成的样子。"

话题渐渐聊到珑璟的未来，却又勾起他带我去看他名下另一家客栈的冲动。这家比珑璟还要内敛，深深地藏进了半山腰。客栈目前还在修缮中，外头搭着脚手架，一层又一层。建筑物后，是树丛，是密林，还有一条人为踩出的曲折小径。冲哥说，这个地盘可有历史。原本四眼井村的人年年都习惯集体"野餐"，找个地方摆流水席，大吃一顿。这树丛下，便是这类习俗的"曾

欧式浴缸，日日擦抹干净

经之地"。

　　我们顺着右手边的窄小楼梯朝上走。爬山虎长势喜人，贪走了大片面积。楼内屋宅还在打基础，墙面留着磨砂过的痕迹，粗糙的地面还没铺上顺滑的地砖；落地窗空着，还没安装上。我们从后山走，踩着木匠拿厚木板临时改造的木桥，"吱呀吱呀"作响。这一路，是冲哥讲，我在听。

　　"一楼以后是咖啡馆，会请擅做咖啡的店员来坐镇……刚上来的台阶太窄，我打算朝左加点，就像给裙子加一个下摆一样，会好看很多……这里以后是平桩，加个桌椅，加个遮阳伞，一层的地方都能喝茶……这里以后有条道，直接穿到大路上，开车来就走正门。"冲哥背着手，口中不停地描绘着蓝图，似乎很是享受这般"造梦"的过程。

杭州旅游推荐

◀ 苏堤

　　长堤卧波，远望风姿绰约。沿堤栽植了杨柳、碧桃等观赏树木以及大批花草，还有北宋所建的六座单孔半圆石拱桥，自南而北依次为映波、锁澜、望山、压堤、东（束）浦、跨虹。一年四季，赏花赏月赏风光。

▶ 孤山

　　孤山，赏梅，赏天下。天下帝王喜欢孤山的有许多，宋理宗在此建过西太乙宫，清朝康熙、乾隆在此建过行宫。山南是平湖秋月，山北是放鹤亭，山东有俞楼，山西为西泠印社。文人天下，孤山可见一半江山之风华。山巅最宜观西湖。

◀ 灵隐寺

　　灵隐寺位于西湖西北面，始建于东晋咸和元年（326年），至今已有1700年的历史，为中国佛教禅宗十大古刹之一。除了烧香队伍壮观外，仍有清雅寺景。灵隐寺的爬山路线是：灵隐寺—上天竺—九龙八塔—天门山—十里锒铛—五云山—林海亭—九溪。

▲ 西湖

　　山色与人文相交处,雨雪晴阴皆有景。云栖竹径、满陇桂雨、虎跑梦泉、龙井问茶、九溪烟树、吴山天风、阮墩环碧、黄龙吐翠、玉皇飞云、宝石流霞,新十景融你于山水之内。晴中见潋滟,雨中显空蒙,遥遥忘故乡。晨光初启,宿雾如烟,六桥烟柳,是为绝美。

▲ 清河坊

　　要观察旧日市井状的杭州,清河坊是一个好去处。南宋时,这里是政治文化中心和商贾云集之地,历经元、明、清及民国时期直至新中国成立初期,仍是繁华无尽。现存老店多为明末清初所创,如王星记、张小泉、万隆火腿栈、胡庆余堂、方回春堂等。品一味,可知百年。

吃喝玩乐掌柜推荐

小小天使，笑颜无限

■ 四眼井区域（含下满觉陇）

○ 马灯部落。时尚青年旅舍餐厅，招牌菜是烤羊腿、烤羊排，味道是真不错。他家地理位置高，还有无敌山景供下酒。人均 50 元。

○ 灶丰年间。中式庭院设计，到处陈列着收集来的古色古香的旧式家具，处处散发着质朴气息。民间原味菜，让人想起小时候妈妈烧菜的味道。人均 55 元。

○ 兰桂坊。门口有一棵大桂花树，东西做得不错，招牌菜以前是文火雪花牛肉，现在觉得他家的爱尚鱼头做得很入味。人均 60 元。

○ 隐上花园餐厅。地方不大，设计得很温馨，也很小资。不过，没有适合孩子玩的地方。价格不贵，门口鸟哥很可爱。如果制作工艺上再精致一点儿会更好。人均 70 元。

■ 虎跑公园区域

○ 香樟雅苑。位置较偏僻，但生意却出奇的好。老板胡亮是凤凰卫视"食神争霸赛"金牌得主，他家私房菜的设计、花样、味道都很好，价格稍高也值得再去。人均 120 元。

■ 龙井山区域

○ 依山依市美景餐厅。在翁家山上，空气格外清新，风景格外好，最爱他家的露台。推荐芝士焗菌菇爆黄牛、烤炖豆腐鲇鱼、肉丝炒蕨菜、烤羊排。最爱的是烤炖豆腐鲇鱼，入味。人均 75 元。

○ 老龙井御茶园。就在十八棵御茶所在的胡公庙，菜肴很特别。土鸡汤号称用的是吃龙井茶长大的鸡，味道相当鲜。在御茶产地，龙井虾仁更是正宗得没话说。这儿没有大厅，只有包厢，用餐要提前订位。人均 200 元。

○ 春夏秋冬花园餐厅。在龙井山脚，后山就是大片的茶园。天气好时，在户外露天座可以享受清新的空气和满目翠绿，秋冬季节打牌的人气超旺。菜式以农家菜为主。人均 80 元。

■ 茅家埠区域

○ 五峰草堂。龙井路上的一幢小楼，古色古香的。院子里的露天座最受欢迎。招牌菜"牛气冲天"的味道很不错。另外，老板吹牛功夫也是一流。生意挺火，去之前记得订位。人均 95 元。

○ 江南阿二。周边风景不错，室内布置简约无华，有炕、有石磨、有酒坛子，处处透露出农家气息。经营农家土菜，口味以江浙为主。人均 70 元。

■ 玉皇山路区域

○ 南山人家。环境非常有"农家风味"，门口支着好几口大锅，走廊上挂满了自制的咸猪手、酱鸭等。菜肴确实还不错，油水足，入口香。人均 70 元。

○ 半瓶子艺术餐厅。一楼是餐厅，墙上挂满了美院学生的作品，木质餐桌上都是客人留下的随笔和点评。二楼是茶室，外面有露天阳台和烧烤区。很多人冲着氛围来的，但食物也是不错的，招牌豆腐很特别。人均 55 元。

其他客栈推荐

茶香丽舍度假民宿

杭州的雨，下起来淅淅沥沥的时候最可爱。水珠儿跳来溅去，很快就能打湿周遭的水泥地。老倪骑着车，慢慢下了滑坡，拎了一袋活蹦乱跳的河虾，说老房客想做醉虾，特意去买的。

老倪管着茶香丽舍，管着三幢欧式风格的小楼。他有些像大内总管，思维灵敏，熟知一切发生在民宿里的事情。他说，下雨天才见四眼井的好。半山坡上云雾缭绕，丝丝缕缕缠绕起来，空气又在雨中洗刷得更加清润，住下几日就舒畅几日。

公共区域是刻意隔开的，分为图书馆、茶室、休息区、小饭厅。你在图书馆看书，听不见茶室里的音乐；你在大厅待着聊天，声音也飘不进有玻璃窗的小饭厅。老倪说，客人从新客人变成老客人，从往外跑变成常住几日不出门。渐渐地，茶香丽舍变成了一个真正的民宿。

民宿是什么? 老倪很看重。他喜欢现在的茶香丽舍，叫人觉得自在、有味道。他不刻意追求客流量，忙的时候好，闲的时候也很好。老倪喜欢闲的时候，骑自行车去菜场转转，荤素搭

茶香丽舍全景，三幢小楼，避世而居

配好，自己撸袖，围裙上腰，清香的菜味从热腾腾的锅里窜出来，引得朋友在旁边踱步遛弯儿舍不得离厾。

民宿的三幢小楼，房间的内装各有不同。最初的那幢小楼不过 11 间房。老倪说，装修的时候就想着一件事情，装修完这房间我自己会愿意常住。床上用品是五星级的，花花草草料理得体。老板还喜欢周六免费提供烧烤物料，举办个小聚会。春季，有龙井茶等你去摘去炒，让你享受杭州龙井茶的茶香四溢；夏天，常备着绿豆汤；冬天，红枣汤也是常备的，山中久住总有寒性。早晨，小馄饨在汤里漂，豆浆入口的甜，油条炸得脆，馒头一盆，肉菜包子也有，炒面一大份，吃着喝着用着。

房价 360～780 元/天，淡旺季价格一致。

■ 地址：杭州市西湖区虎跑路四眼井 212 号　　■ 电话：0571-87152030　　■ 新浪微博：@杭州茶香丽舍度假民宿 @三导老倪

1.刻意隔开的公共区域　2.五星级水准床上用品
3.午后充满阳光的浴室　4.小天使，红墙面，绿芭蕉

锦衣清欢小庄园精品客栈

杭州还没有一家客栈开得跟锦衣清欢小庄园一样——一个令人向往的童话世界。大片茶园中，藏着这么一家梦幻般的小客栈。女主人说："若锦衣，尚清欢，有信仰，有禁忌，本真本色。不任性狂欢，不自以为是。"近 2 万平方米的茶园，前院西式草坪，后院中式茶园，是名副其实的风景院落。房价 499 ~ 899 元 / 天。

■ 地址：杭州市西湖区黄泥岭 31 号　　■ 电话：18868118699

1.像是走在欧洲乡村的小路上，迎面一座明色的面墙　2.追梦之旅本是一场优雅的恋爱，谁都不用在此刻许以未来　3.隐秘的花园

水墨居客栈（怡情店）

水墨居客栈隐在素雅的民居村落中，不易寻找，一旦住下，却当真避世。厅堂藏绿根，阳光雨露自在洒落，见得着、听得见；水满后，茶香四溢；字画几幅，赞茶一番；石春数个，引水，浮花，淡淡地留驻一束阳光；锦鲤自在，欢畅；白色遮阳伞下，春光一幕幕，绿织绿染。其他，是小径、溪水、竹林、树荫，自顾自地相处。后山另有茶园、果树，采摘也可，品茶也可。房价 350～838 元/天。

■ 地址：杭州市西湖区灵隐支路白乐桥 107 号　　■ 电话：0571-87996099

1	2
3	4

1.大床房　2.浴室一瞥　3.园林的隔窗绿　4.福倒，福到

客栈特色

中式传统风格
有茶有酒有私房菜

绍 兴
大越小院
——唯有清风共白云

"大越小院位于绍兴的中心地带，最近沈园，近到只需登二楼墙道口，隔墙一观，葱葱翠翠下裹着声声曲来的地方，便是沈园。红色凉棚下，清茶一杯，一席好风光……"住在大越小院，离着老绍兴的台门又近了一层。密密匝匝的弄堂，隔河相望的民居，遍地都是梅干菜和笋干的味道，在这里能看见最有民间味道的绍兴。

小院全景

光是这个院子，就花了掌柜大把时间

房　价

客房类型	价格（元）	客房类型	价格（元）
双人房	360	大床房	320
家庭房	380	套房	680

神仙眷侣

掌柜素描

何先生，半隐士的商人。从小经商有成，携妻离开故乡，为寻一长居之所而四处物色。于绍兴逗留，闲散数年后，得遇机缘，买下老宅与基地，推倒重建，只为他"一宅可安全族人"的梦想。"房子该是大的，有院子可供孩儿奔跑，有小楼可供佳人远眺，有美食可与家人共赏。"他喜喝茶，爱在凉棚上观天望地，爱见妻子下厨，爱迎四方客。

避入山野，历代的中国文人中有许多打着如此主意以求修身养性。大越小院的主人何先生未必同意我将其修葺老宅的行为看作隐士之举，然而短短两日，越谈越觉得颇有通达之相。

宅子与主人，总能偶遇上一些相同的趣味。入夜时，一楼水池处，两只乌龟相叠一道，头往一处探，一高一低皆是朝月而拜；池中水动，有声有色，揽明月入怀，生气扑鼻而来；伴有古琴，声渺渺而动，忽上忽下，似棉如水，如绸似缎，绕于院中入耳，久久不歇。我到店时，以上趣味皆是存在，外加几位酒酣客人守着一桌坐于一楼院中，你来我往甚是热闹。二楼琴声自然，停停歇歇，旁侧茶几上两位客人分别落座，喝着茶，听得仔细。一楼二楼，一上一下，两个世界。是夜，何先生并未出现，只是关照好好休息。

清晨，微雨刚落，水汽自窗口袭来，连带着满屋都有了气色。屋内有气色，屋外更好。行至二楼回廊处，何先生已坐在红色方伞下擦桌抹椅，准备沏茶醒目。装束也简单，寻常扮相，T恤短裤，踩一双拖鞋。于是坐下，开篇。

老宅其实不算老，虽然有些砖瓦仍是出自原身，但建筑确是推倒重来。缘何不修缮老宅，却推倒重来呢？何先生说得清楚，如果不是老宅颓废不堪，也轮不上他拿下这块地方。

彼时的何先生，正欲投身于老家的生意圈，久而久之觉得味道颇淡，口中钱来钱去，人在圈中也仕局中，后来看中了绍兴，离家乡有段距离，可进可退，可攻可守。"先前两年在绍兴，一点生意都不谈，过的日子叫'神仙眷侣'，同太太一日三餐同饮同食，累了就歇，倦了就爬山，两年下来倒将绍兴人的脾性摸得清楚，也就下了定居的念头。"

"当时所有人都在笑我，说我花了那么多钱在一座废宅上面。"

掌柜夫人栽花有术，盆盆鲜嫩

"我就想有个大宅院子，养养花，种种草，有水相伴。"
他嘬了口茶，唤人给端来竹笋炒肉做馅的大汤圆，一人一只，
胖胖嫩嫩，十分招人喜欢。何先生讲日后这宅院是打算传家
的，等他老了便要当一田园翁，闲时养花种菜，不理俗世。如
今的屋顶上就辟出了一块位置，种了丝瓜、黄瓜、番茄、辣椒
之类的蔬菜。何夫人日日上楼检查成色，若是熟了就摘下来加
菜，不熟就再耐心等等。何家女儿也喜欢跟着，煞有介事地每
日问着"是不是浇了水，是不是熟了可以摘了"。

夫唱妇随

当年，老宅要修葺，要内装，要运营。身为异乡客，一
切全靠何先生以及夫唱妇随的老板娘。老宅的修葺是第一关，
何先生不通设计，只能比画自己想要的效果。有耐心的工匠，

客栈资讯

地　　址：
浙江省绍兴市越城区马园弄 5 号
（沈园景区西墙隔壁胡同内 60 米）

电　　话：
0575-88364828

预订方式：
可通过携程网、艺龙网、去哪
儿网等网站预订，也可电话预订，
无须定金

肯留下细致做活；没有耐心的，没几日就撤退了。光是修来修去打个基础就费了半年。

如何定位运营是第二关。何先生实是位商人，熟稔运营之法，必然三思而后行。绍兴的历史沉甸甸，民风不似大城市那般开放易接受。仅从租屋给外人做生意这一条看，其他发展中城市有愿意出租十年以上的，绍兴人却不肯，只肯一两年一两年地出租。何先生讲，绍兴民风如此，不能逆流，只能顺应。

故而他的第一手笔是沈园青年旅舍，打着旅舍的名号，不惹人眼，不招人嫉。当然，还有第二个理由——聚人气。青年旅舍虽然位属低端，却极善积攒人气。不谈拿下产业的成本，旅舍的运营成本、人工成本总有一个划得来才好。这句话，是何先生回答我为何一开始不做精品酒店的缘故。需知，小

住客反馈

走路去沈园非常便利。闹中取静，房间很干净，古香古色。现代化的便利性也都具备。小院里面坐下来，一杯香茗在手，听听潺潺流水，望望绿树红花，很惬意。
——携程网，烟雨山阳

中式风格的院落，房间的中式家具和设施也都不错。院子里虽然没有种大树，却给人"梨花院落溶溶月"之感。如果房间里再有一些陆游诗词的小书给我读一读就更好了。喜欢青花瓷的电水壶，心形幽香的米皂。房用用词牌名命名。这次住的"沁园春"，看到其他房间有叫"满庭芳"等。每一个细节都透露了店主的品位与气质。
——携程网，E0098****

很少写点评的，但是这家店让我觉得真心赞！紧邻沈园，可以爬到酒店顶楼俯瞰沈园；离鲁迅故里也只有300米。老板是个很有意思的人，整个酒店不仅有品位，而且处处显心思，非常温馨。服务超好，硬件虽然不能和五星级、四星级酒店比，但是也已经足够舒服。下次来绍兴这里一定是我的落脚点！
——大众点评网，panjin780627

1	3
2	4
	5

1.每间房都备有工夫茶具 2.青瓷花盆，掌柜特意挑选来的 3.池塘里的乌龟，甚是喜欢阳光，日日抬头相望 4.是床也是榻，坐躺总相宜 5.两道热菜，三道冷菜，一顿下来，舒心舒胃

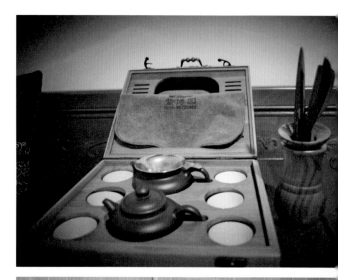

楼本三层，装修时特别留了第三层的空间未动，只等着升级酒店时——打通，做复式客房。

　　客房是营收之一，何先生却也想着本地绍兴人的喜好——私房菜。在院中吃私房菜，一旁琴声悠悠，水色无尽，在绍兴也是独一号的牌子。先是招来6位厨师，一板一眼照着菜谱做。何先生评述："他们端上菜来，我就觉得大事不妙，和我想象的菜色差距很远。"未叫何先生满意的原因在于：其一，摆盘没有创意，老师怎么教的，徒弟怎么摆的；其二，口感不独到，平平淡淡，叫人想记都记不住。同师傅们提了几次无果，他倒也懒得再提，直接全请了走，自己学起了烧菜。

　　"烧菜哪里难？一颗心放在上面，半年的工夫就出来了。"何先生如是说。一旁何太太大笑，说："分明是我在学，你在看。"原来过了半年，何太太成了大厨师傅，师从哪门哪派倒也不知，反正上门的回头客日益增多。因私房菜都是前几日订的桌子，老板娘每日早晨亲自开车去菜场买菜，哪个新鲜用哪个。何太太讲，反正钱都是赚得回来的，省也不省在材料上。何太太如此说，却是在挑剔这几日病时要靠自家员工出

去采买食材，未免有不尽如人意的地方。她口中说着无奈，舍了缠在手上的拨片，做饭时间到了，不能流连在古琴旁了。

茶与黄酒

回廊中不缺花草，一半是老板娘数年来精心栽植的，一半是绿植公司送的。老板娘提及花草，隐有遗憾："青年旅舍的时候，花草都是自己弄的，特别好看。你看这盆，就是我种的。"她指的是青花瓷中长势颇好的一盆花，花色明艳，黄蕊新吐，喊不出名字，但长得生气勃勃，与墙面上砖盘的花草又不相同。何太太掐了掐盆里的泥土，讲绿植公司还是不如自己尽心，养出的花草未免层次略差些。

回廊中，自然也不缺生机。朝外是沈园的一片绿色，偶有人声来人声往，晨时还有人唱曲，婉转流动，也常有人站在亭间，好奇这一墙之隔的建筑到底是什么来头；再往里，是来往的当地居民，买菜的、上班的，"叮叮"的自行车，你来我往的招呼声；至一楼内院，水池的声色，何家小女的蹦蹦跳跳，盆景枝叶的光影变迁，天空偶尔掠过点点燕影。

如此小院，一坐便是坐于尘世间，可动可静。于何先生而言，可与景同赏的有两样东西：一是黄酒，一是茶。

绍兴人爱喝黄酒。何先生虽来自他乡，却也爱喝。于是，每一位到店客人只要坐在大堂内、二楼回廊处，便有一小瓶黄酒奉上。"我不希望我的客人干坐着，干坐着有什么意思？"何先生拿手一指回廊，"这样的院子，就是要有情趣，客人有了情趣，才会喜欢，才会再来。"

选了黄酒，因为黄酒五味俱存——甜、酸、辛、苦、涩。入口一抿，醒神，香味清雅而浓郁，口感鲜美而醇厚。这种酒，可以浅酌，也可以豪饮。绍兴人就爱这种口味，入口，心也踏实着。

生机勃勃

绍兴人也爱喝茶。何先生自己也喜欢喝茶，越喝越有味道。还特意在每一间客房都放一套工夫茶具，配茶在旁。

多数绍兴人不知道，自身同茶的缘分，要远早于同黄酒的缘分，何先生却晓得，去攀上青古道也不是一次两次的事情。上青古道，是古岭道，也是自唐代起会稽山一带茶叶挑夫的必经之路。"这些古道，你不去不会知道绍兴还有这样的地方。"何先生如是说。郁郁葱葱的竹林，枝条盘绕的老树，斑驳的青石，杂草密林的泥路，刻满沧桑的古村落，很少人将这幅情景同绍兴连上。

"从剑灶村古船埠开始，由锁泗桥村重装徒步，经兰若寺水库、日铸岭顶，休息之后，再走万寿山水库、翻越万寿山垭口，到达扎营地金鱼桥村。第二天爬起来，经陶元岭顶的岭登村，至青坛桥头村。"碰到愿意爬山探幽的客人，何先生最喜欢推荐这条 30 公里的古岭道。

绍兴旅游推荐

▶ 鲁迅故里

一条窄窄的青石板路两边，一溜粉墙黛瓦，竹丝台门，鲁迅祖居（周家老台门），鲁迅故居（周家新台门），百草园，三味书屋，寿家台门，土谷祠，鲁迅笔下风情园，咸亨酒店穿插其间，一条小河从鲁迅故居门前流过，乌篷船在河上晃晃悠悠。鲁迅笔下，旧日记忆穿插在所有的文章中，去故里，才见这些悠悠记忆。

◀ 沈园

绍兴唯一保存至今的宋代园林。沈园大名传扬至今，全靠南宋陆游的情根深重，凭一首与唐婉重逢后的《钗头凤》绝唱千古。园内景色极美，亭台琼阁，繁花似锦，一派温婉江南色，引得历代文人倾心。清晨前往沈园，才最见绍兴之美。

◀ 仓桥直街

位于越王城历史街区内，府山东侧。它是绍兴仅有的几条没有被拆建的古街之一，长仅1.5公里。老城印象，在这条街面上还能捕捉一二："青石板街面干净整洁，窄窄的巷子，一眼望去是一片杏黄色的旗子，这些都是酒馆、饭馆、理发店等的招牌。"

吃喝玩乐掌柜推荐

娃娃菜，凉拌，带丝辣

○ 大越小院私房菜系列。当日最新鲜的小菜下锅，口味清新，以料理出食物原色为主，摆盘较之其他餐馆更有赏心之感。需提前预订，人均 100 元。

○ 寻宝记状元楼。地道的绍兴菜，菜肴可以拼盘。招牌状元鸡、醉蟹、醉鸡最受欢迎，十分入味。黄酒自酿，甜甜好喝，不易醉人。店面装修古色古香，生意不错。

○ 如果来过绍兴几次，可以尝试走绍兴曾经的古栈道，如青云梯等。一路安静，似是城市的后花园，山色清雅，溪泉交叠，山水必相逢，一路慢行，可走一日时光。

其他客栈推荐

鲁迅故里青年旅舍

　　极为传统的水乡故居，原址为宋家台门，于世间已存在数百年的时光。四合院结构，石板路，木质门，有时光线甚好，有时暗色调唤回古老的历史，头顶的榕树随四季更迭，有雨敲打透明玻璃窗。推窗是院子，景物似能自语，悄悄诉说从前。房价148～278元/天。另有适合背包客的多人间床位，每位50元。

■ 地址：绍兴市鲁迅故里内新建南路 558 号（鲁迅故里西大门口，即咸亨酒店旁边）
■ 电话：0575-85080288

1 | 2
3 | 4

1.廊院，红绿相间，无人时易引忧思，人多时像唱堂会，热热闹闹，一时无两　2.嫌窗户透绿透得不够多，干脆门开两扇对着院子　3.逛累回客栈，泡个木桶澡　4.老台门，更宜以黑白色调入画，风雨一打，瞬过一年

云杉驿

　　云杉驿位于缪家桥 8 号创意园区内，要路过一系列餐厅、瑜伽馆、茶馆后才能遇见它。园内布满极高极大的水杉树，配套精致食肆、酒吧、咖啡馆、瑜伽馆、户外店、居家艺术空间。很多店主喜欢坐在院子里，喝茶聊天，溜猫逗狗。人在这里住着，可以闲下来、空下来，偶尔会遇见民谣会、露天电影，又或是某个艺术展览。房价 168 ～ 288 元 / 天。

■ 地址：绍兴市越城区缪家桥河沿 8 号
■ 电话：0575-88640777

1	2
3	4

1.云杉倚门，常年青绿　2.标房大床　3.就餐的好地方，窗外四季都是好景　4.庭院，集雨露

客栈特色

■ 老宅改造
■ 公共区域大
■ 软性服务好

西　塘
明榉坊客栈
——宜居的古意

　　西塘的建筑，古朴而不张扬，站在任何一座宅院门口，都看不出丝毫的恢宏之气。站在明榉坊的门口，你也不会以为这是一座老宅。明榉坊大约建于明末清初，代代修缮，到了掌柜李美珍手中才变新颜。一楼全是宽敞的公共区域，放足收来的明清古董，可以喝茶聊天，卧花成眠；二楼是五间客房，内饰风格完全不同，所用器物、装饰小物也顺应风格，精心搭配。

一灯独挑，忆江南

房　价

客房类型	价格（元）	客房类型	价格（元）
深闺小姐房	280	朝南商务大床房	280
主卧洞房	360	中式纯古大床房	360
水乡风情套房	480	迷情普罗旺斯	580
临河情侣套房	580	临河花园露台别墅房	880
注：上述为淡季价格，旺季会上涨较多			

缘分初显，立意安家西塘

"先同西塘结缘，想常住，后来又想，住下得做点什么事情，所以开始慢慢搜寻合适的地方开客栈。"李美珍说，挑中这幢建筑，也是缘分。她来西塘很早，五六年前的时候，彼时西塘还未被开发，游客们住的都是西塘住民原始装修的那些民宿——窄弄堂、挂满电线的墙面。这让游客们愿意住一天感受，却无法像度假那样久待。"我第一次踏进这里，是朋友带我来的。"李美珍的朋友原本想拉着她一起开店、开客栈，兴致勃勃地找地方，各种搜罗，然后就遇上了塘东街86弄17号。

"我们同时都感觉到了老宅的抗拒感，就像有一种力量在把我们往外推。它越是推，我越是喜欢，就像找到气息相投的伙伴，我完全可以想象以后的生活，住在这里的生活。"李美珍说，她的朋友也喜欢这里，却甘愿放手。"他说自己是玩票性质的，若果真盘下还不知道会怎样，还不如叫我一个人做。"朋友的信任和老宅的缘分，让明樊坊客栈有了最初的开始。

虽然面积不过300余平方米，可要从气势上能镇得住这幢老宅，却不容易。所幸古宅保存得相当完好，李美珍只需要花更多的心思在内秀的东西上。"其实也不算做什么设计和内装，明樊坊的装修其实蛮简单的。"当时她的出发点就是想做一些轻松、简单的东西，让客人们即便住在老宅都觉得舒畅自怡、不闷不慌。她想尽各种办法去消除摩登与传统之间的隔阂，"它们总能有一个平衡点能稳住对方，互相喜悦，互相依偎。"

为此，李美珍干脆把大厅的共同区域和楼上客房完全分开。"大厅和整幢建筑相连，很难改造，不如在局部进行细修，而将摩登的部分完全安置在客房内。"她认为，同旅者关联度最大的其实有两点：其一是住宿条件，能睡得安稳舒适，洗浴环境也好；其二是公共区域，够大，可私密，可交流。

以茶会友

充沛至极的生命力

"这一切都需要一个过程。"从盘下明榉坊至今，除却第一次的"大动作"外，李美珍每年为老宅定下一处修缮计划。"我尽量每年为它翻新一部分区域，有时是大厅，有时是客房。"她总是选择客人最少的季节进行修缮。

"就像是对待一位精致的美人一样，你要时不时看看哪里妆淡了、花了，哪里的小配饰可以调整一下，使效果更好。对老宅而言，更是这样。"如一楼的公共区域被功能性划分为六个部分，这也是循序渐进的成果。"用餐区域、办理入住手续区域、主人泡茶聊天区域、休息区域、私密饮茶包厢区域，最后一个是独坐区域，有各种木质古董相伴。"这些

客栈资讯

地　　址：
浙江省嘉善县西塘镇塘东街
124-128 号（近狮子桥）

电　　话：
0573-84562868

预订方式：
可通过去哪儿网、携程网等网站预订，也可电话预订，需预付定金

主人沏茶处

区域在空间上相连，却在功能性上分开，彼此相连又互不干扰。

李美珍常在泡茶聊天区，平日好友都知道该到这个位置找她絮叨。这是独享茶盘的好位置，同时也是连接各种功能性区域的最佳位置。"我不可能因为聊天，而不去关注店内发生了什么事情。"所以她对背后的墙面动了一些小手术，对着用餐区的料理台开了一扇木窗，转身伸手用水壶接水时，便可关注一下用餐区；其右手处有书架与办理入住手续区域相隔，古式的茶榻是客人等位时的坐处，还伴有淡淡熏香；左手处是休息区域，能关注客人的需求。"如果他们需要点什么，我们是可以从客人的身形举止中看出来的。他们可以选择私密区，也可以选择和我们互动。"

住客反馈

　　非常不错，客栈位置很好，房间很干净，布置也很别致，特别是临河大露台，有种惊艳的感觉。店里的工作人员相当热心，去的时候同行朋友的小女儿发烧，店里非常热心地带着我们找药店买药，还主动提供了冰袋、菊花蜂蜜水，因为小女孩吃东西呕吐还特意给熬了白粥，晚上小女孩儿烧得厉害了还专程安排人陪着朋友把小女孩儿送到十几公里外的医院，让我们一行人异常感动。住这里的一晚是这次浙江之行感觉最好的，比前面几天住的五星级酒店感觉都要棒。以后如果有机会再去西塘，绝对还住这家！

　　——携程网，M11205

　　很喜欢的一家客栈，地段很好，离西塘古镇很近。我们是在网上订购的，价格比较合算。之前去的时候纠结了很久，不知道客栈定哪个，最后还是老公选择的，个人也比较满意。一进门就感觉这家客栈很有特色，选了二楼的一个房间，里面的陈设都很古典，而且打扫得非常干净。老公最喜欢这种了，进去后就大为赞赏，嘿嘿，不过我们就住了一晚，有点意犹未尽啊！

　　——去哪儿网，xiaoxiaoxinlaile

　　非常好，老板知道我们是四周年蜜月，特地给我在客房撒了花瓣，并精心布置了，很惊喜。雕花大床很有感觉，和其他客栈很不同，更有情调。楼下还有古筝乐，非常适合我这样安静的性子。整体太满意了，房间很大，住着很舒服，卧榻上看电视比床上看舒服很多。如果有机会真想住个一周，感觉住在明榉坊，这次西塘之行就值了。

　　——去哪儿网，糖小藕

"玻璃窗也是后装的。"她喝了口茶，指了指顶上。李美珍为自己的饮茶区选择的好地方，便是老宅从前的天井位置。西塘的建筑强调"以暗为安"，正如现代人所说的"银不露白，暗可藏财"，所以宅内采光的天井极小，光线昏暗。"又很窄，这个位置很难有所利用。变成饮茶区，也是后来想了又想的结果，我们发现它的垂直纵深感很有魅力。"而饮茶本就是明处好，所以李美珍动起脑筋，在上方安了玻璃窗，引阳光进来。

说这话时，充沛的阳光穿过顶上的玻璃窗，照耀在李美珍的身上，整个人都被平和安宁的感觉包围了。你明明坐在那里喝茶、听故事，却一下被击中，突然感知到与其说是整幢老宅的生命力，不如说是李美珍的生命力，充沛至极。

$$\frac{1}{2 \mid 3}$$

1.可爱的猫咪　2.东南亚的帷幕　3.古屋装饰

细处着手，简洁中见巧思

在西塘，第一家做复式客房的人是李美珍，第一家做东南亚风情装饰风格的人是李美珍，第一个往客房里塞复古式浴缸的人是李美珍，第一家给足公共区域的人也是李美珍。或许这些装饰设计思想在上海等一线城市不算什么，但在西塘，由一个不是设计师出身的人所拿出的手笔而言，你或许可以想见这个姑娘对生活的热爱有多强烈。

人性化，可能是明榉坊无法复制于他人的一项软性功能。从最开始采购的床套被罩，到为客人提供的各项服务，均是有人性化服务的想法在内。最初的床套物品，是她和爱人小宇两人驱车前往上海、杭州采买回来，光是抱回客栈就往返于镇上不下十次。"因为老宅的房间形已定，骨架已定，若不改，现代人肯定住不惯。"

李美珍说，自己只能从各种软性的角度去增加客人的舒适度，而软装只不过是视觉角度的一个层面。如"东南亚风情房"中的大床、墙纸、摆设甚至淋浴间的喷头等虽然是为了配合内装而来，却也的确在使用属性上有着更大的要求。"床不能只为了好看，床架在那里，你看起来纱幔层层，暖灯一照，很有感觉。但你总要睡下去的，一睡，就知道床的好坏，床褥的厚实程度，床品的舒适程度。"这些房间，李美珍曾一间一间睡过，而且要求自家员工在淡季时也要一间一间睡过。"只有自己睡过，你才能发现各种问题，才会去想解决的办法。"

所以，她才会知道你住在老宅里会遇到的一切。哪里的水龙头放水小，哪里的墙角需要补……以"东南亚风情房"的房门为例，早先是有门把手的，后来发现有的客人习惯用现代居家的方式去关门，声音很大，会影响到旁边的客人。然后李美珍就把门把手拆了，把门吸的力量调整到最大，使客人只能插着钥匙慢慢关门。

别致的洗手间

　　再以此房为例，一间为大床，另一间为榻榻米式的上网区域，因格局关系，所以相距甚远，当中隔了一个洗手间。"那我不可能改变洗手间的位置，因老房的格局已经定下，很难改变，于是分别安装空调，当知道客人的具体行程时，会特地提前把空调打开候客。若是知道客人为情侣时，会特意在床上撒上玫瑰花瓣，创造浪漫气氛。"如此细心的方式，还有许多。这是李美珍赢得许多客人一来再来的缘故，也是明樺坊生意蒸蒸日上的根本原因。

生活·在风景与理想中 — 地 — 客栈

西塘旅游推荐

▲ 廊棚

廊棚可以说是西塘的招牌，很多人慕名而去也正为此。西塘的廊棚主要分为北廊棚和西廊棚，从黄酒陈列馆过万安桥，就是北廊棚的起点，沿河道往南到钱塘人家处拐了个弯往西，经醉园直到七老爷庙为止，沿途串联起众多的店铺和人家，连绵不绝，即使在下雨天仍行走自如、买卖不误。

▲ 石皮弄

弄深而窄，石薄如皮，故名"石皮弄"。这是西塘最长的弄堂，也是西塘122条弄堂中最窄的一条。宽仅1米，弄口最窄处仅0.8米，全长68米，由166块石板铺成，路面平整，下面是下水道。石皮弄左右两壁梯级状山墙有6～10米高，至今完整地保留着古老而又独特的风姿。

吃喝玩乐掌柜推荐

○ 陆氏小馄饨。烧的是柴板，荤油、榨菜等配料都很讲究，现在可是西塘的招牌，来了都得吃一碗。

○ 双桥旁的钱塘人家。开了多年，适合避开午餐高峰期，转在午后 3 点前后坐着饮茶、"美人靠" 上休息观景。

色彩艳丽的主墙面

其他客栈推荐

木言花园酒店

　　木言木语咖啡馆朝外开了窗户，你一眼就能看见里面的文艺范儿。你会觉得进去坐坐也好。充沛的阳光从透光顶棚中晒下来，离镇子的喧闹远了一层；咖啡豆和机器互相抚慰而散发的香气，从磨豆机中传来，从味觉上替你再上一层遮掩；小台上半坐着的民谣吉他手，拨动着弦，唱着青春。

　　你坐下，你喜欢这种文艺范儿，想坐得更久一点儿之后，才会留意门口窗下的牌子——今日有房。房间在咖啡馆的旁边和楼上，主人巧克力给它起名"木言花园酒店"。参观客房，要踩着窄窄楼梯，一楼房间带小花园，二楼房间带临街露台，三楼房间则内敛些，你听得到些许街面的喧嚣，可这一切却与露台上坐着的你完全无关。

　　客房的内装几乎一致，不同的是一部分房间的格局——卫生间的大小，房间的大小，或者是装饰品的类别、数量。巧克力先生几乎想把好酒店的一套全部搬来，"主要是为了住得舒服"。较之明樊坊，巧克力的手笔更大些，他几乎拥有西塘三分之一的物业产权，这意味着他有足够

的地方和资金可以实现关于西塘的梦想。"我希望人们在这里能住得久，能觉得这是一个度假的好地方，能吃好，喝好，玩好，而不是一味地卖弄西塘的老、西塘的水乡。"

很多客人喜欢在露台上坐着，听楼下的民谣歌手弹唱，嗓子哑的、清亮的，都能绕上楼；眼见的是特意培植的绿色植物，每一个露台都有满满四大盆。露珠从叶子上坠落，滴进你的心里，润出生活的力量。

既然生活在木言花园酒店，巧克力不会忘记再配备餐饮和酒吧功能，甚至在咖啡馆你能找到各种不同的书，从科普到文艺。"和你是谁无关，和你想放松有关，也仅此而已。"巧克力想证明西塘值得长住。如果你走进同是楼下的乌托邦酒吧，你会发现，除了外围的灯光暗色调很似酒吧外，越往里走，心里越安静，你甚至可以对着被玻璃围住的天井小树看出风花雪月。巧克力从北京招揽来的设计师姑娘也很用心地装点一切，她也喜欢阳光下斑驳的树影和空气中微醺的咖啡香，是"遇见西塘的初心"。木言花园酒店设有豪华双人房和豪华大床房，旺季1380元/天，淡季可降至380元/天。

■ 地址：西塘镇烧香港 77 号景点圣堂旁（近塘东街）　　■ 电话：0573-84569678

1 | 2 | 3　　　　1.宽敞的公共区域　2.干净的卫浴　3.客房的单纯色调

西塘壹玖捌壹国际青年旅舍

　　除却能实现青年旅舍的功能外，西塘的壹玖捌壹实在不像是一家青年旅舍，不过这也是老板故意的。一边是青年旅舍客房，给背包游的年轻人；一边是知善堂客房，给略有要求的住客们。公共空间都被打造得很像江南庭院，小径深深，直欲探秘。临河位置坐着最畅快，眼前是最没怎么被开发的西塘，也是最自然的西塘。房价 200 ～ 580 元 / 天，另有床位 35 元起。

■ 地址：西塘镇西丁公路迎凤桥下毛家弄 81 号　　■ 电话：0573-84571981

1.大床房（含木质飘窗）2.大床房，洗手间干湿分离
3.大床房洗手间内景　4.按摩浴缸，水性灵活，舒缓旅途疲惫

河畔居

　　西塘最为贵气的客栈，因客栈老板早年装修纯为自住，后西塘旅游业兴盛才转为对外经营。客房内均为中式家具，古色古香里凝聚着古镇的优雅与宁静。在西塘的建筑中，你很少能在如此宽敞的庭院中停驻休息。一楼客房豪华大气；二楼客房有观景阳台，将古镇美景尽收眼底；三楼为阁楼式独立客房。房价 388 ～ 588 元／天。

　■ 地址：西塘镇小桐圩街 55 号　　■ 电话：0573-84566886

1．精挑细选的卫浴设施
2．夕阳半入墙　3．绣柜与缎面

客栈特色

- 平江路上的典型江南老宅
- 明清家具
- 砖细花墙

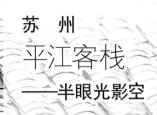

苏 州
平江客栈
——半眼光影空

以园林式仿古酒店而言，平江客栈可算苏州的前三。没有太多花巧的招数，布置摆设几乎都顺着 200 年前的脉络走，桌椅板凳、文房四宝、院落小径、花墙扶枝。来的都是些喜欢新鲜感的客人，看看老宅的老、庭院的雅。这并不是一个纯为居住舒适度而存在的客栈，是为已然断层的故事而生。不凡的过去，难舍的记忆……你只在那里默默伫立一整天，就足够在脑海中拼贴几百年的光阴与光影。

木梁瓦顶，回廊小苑，清幽恬静；韵味悠长

古色古香的老宅中堂

房　价

客房类型	价格（元）	客房类型	价格（元）
特惠标准房（大床、双床）	380	标准客房（大床、双床）	450
高级客房（大床、双床）	550	豪华客房（大床、双床）	700
高级大床房	734	豪华大床房	859
套房	1080～1638		

老宅气息

掌柜素描

梁先生，香港人。入乡随俗，已很知晓如何在苏州生活得得意。随工作而迁居各地，日日兢兢业业，专心工作。于我们，老宅是可鉴赏之物，于梁先生，老宅需要日日监工，方能保其不出差池。老式衬衫，身肩笔挺，老派人的认真。

"平江路，比国内一半以上的城市都年长。"我忘记在哪儿见过这样的句子，只看宋代《平江图》上的东半城，平江路的年份就已刻在那里。八百年来，平江路的肌理不曾变过，河还是河，路还是路，不曾改向，不曾湮没，于摩登的苏州而言已属难得。从《平江图》走到平江客栈，不足百步，时光相隔却有无数个世纪。

"满室花窗桌几、清供文房，按旧法排布着从全国各地收集来的清式桌椅，四联屏风前供着福、禄、寿三星，厅后立柱镌刻一联：平房砖瓦粉墙家，江畔垂柳竹篱笆。"平江客栈的大门里藏的是这样的景。楼顶和主梁为上，你若抬头细观，能看得见金光闪闪的镂金案花纹。这是方氏家族传承的老宅主厅，建于明代中叶，距今已450余年。若说花十分功夫揣摩平江客栈，则有五分当放于此。

店员踩着小径而来，顺着木门的纹路轻轻一拉，细细的"吱吱呀呀"从铰链那儿传出来，瞬间便没在空气中。老木门一开一关，屋内光影也一起一落。门扇间透出的光线，慵懒地往地上一斜，不开门不愿朝里走。越站在角落安静的地方，越能见到光柱的模样——它进屋的样子，又依依不舍退出的样子。若用相机立在那儿长曝光24小时，或许就能捕捉到时光的隧道翩然而来。

太师椅上，坐看风雨欲来。雨顷刻落下，密密的。风吹面而去，略停一停，穿过整齐排列的八张花梨木太师椅，却最终到不了福、禄、寿三仙面前。屏风前，似看透世间万物，不喜不怒不悲不妄。端详之，很有翻阅古县志的欲望，见百年前如何，两百年前如何，三百年前又如何。

屏风后，厚厚的帘幕卷起，是天井。天井后是几桌棋盘，落子声声似能入耳。门外又叠小径，左右一带，穿插而过，纤

闻木制家具的清香，听窗外雨点的滴答

细小巧。再见是门楣，客房 42 间，间间如此隐着，古旧木房门一关，唯有感应钥匙方能入门。客房与客房间又讲缘分，有缘的搭成小院落，辟小径，载翠竹桃花，嵌竹篱笆，于是便有那以桃、竹、枫、劲松、侣松为题的客房——五路、十一苑、四十二房，端看名称，也是有趣。

凭钥匙开门，"滴"的一声。老宅的气息逃了一些出去，又很快失去了机会。顺手翻了翻长桌上横卧的英文苏绣书，发现花盒上摆放的金色盖碗，饶有兴致地烧水、泡茶，等热水滋养出一缕缕香气来，温温和和的茶香打散了老屋宅的暗色调。此时朝外望，门窗外一片清新雅绿，若有那婀娜动人身姿撑伞缓缓而过，别是一番景色。

通向外院的小门开着，似是为了平日里通风阴干。床很大，

客栈资讯

地　　址：
江苏省苏州市姑苏区钮家巷 33 号，近干将路

电　　话：
0512 65233888、65233318

预订方式：
在去哪儿网、携程网等网站均可预订，也可电话预订

有修竹、小楼为伴，步入一个遥远的梦吧

三边一围，白色棉缎被铺着。几件老木头家具散漫地一躺，只瞧见不曾被遮住的空调。浴室也用木窗门拢住，内藏却多，浴缸总有，淋浴也有，梳洗打扮全然不愁。按照老法，先将蚊香片点起来，当夜入睡便可高枕无忧。

尚义厅的古董

出大厅进东路备弄，迎面便是尚义厅。红木镶嵌大理石桌椅和拱圆形红木床，耗资 80 万元从北京收藏名家手中购得。隔出会客区和休息区的屏风亦有 200 余年的历史，前供一尊黄花梨关公雕像。"其余衣柜、雕花木床、屏风、茶几、椅子等大部分也都源自明清及民国时期，都是货真价实的古董。"迎我而来的店员妹妹这样告诉我。这或许就是住一晚需要 1800 元的缘故。

住客反馈

苏州的平江客栈原是明朝望族"方家大宅"，由姑苏古老民房改建而成，也是苏州政府保护单位之一。客栈的客房依据的是苏州传统民居布置，木梁瓦顶，回廊小院，清幽恬静，古味悠长。客栈本身就是一景，梅雨季节的阴郁更衬托出江南老宅的韵味。客栈旁边就是人来人往、热闹非凡的平江路，而走进客栈大门，却与世隔绝一般的清净。我们很幸运，得到了房间的升级，空间很大，外屋用于会客，里屋是卧室，卫生间也很宽敞。家具和装饰都是苏州人家的味道，很有意思。

——去哪儿网试睡员，sissiliu1983

如果你想体验一把老苏州的感觉，这个地方一定非常适合。桥对面就是热闹的平江路，但我们一进客栈，整个气氛就变得不一样了，像是穿越回了古代。在里面鲜能听见外面的喧闹声，别有洞天。客栈里还备有棋盘、复古的青花瓷茶杯，让客人着实地感受一番文人墨客的雅致。美中不足之处是浴盆需要清理干净，以便客人放心使用。剔除这点不足，可以说平江客栈是平江路上最值得一住的酒店。

——去哪儿网，caxd6930

地理位置极佳，出门左手边就是平江路，距离临顿路、太监弄、观前街都是 10 分钟以内的步行路程。建筑由明朝大宅方式的宅院修建而来，保留了古色古香的原汁原味。庭院小阁，古朴精致，处处能使人感受老苏州的旧时风情，让人有穿越时空的错觉。

——携程网，vivianlynnjj

数年前，当尚义厅还是方宅的桂花厅时，没人想到它能卖得出如此高价。只因那时的方宅实在太破，四路四进的典型江南民居又怎样？长年为"72家房客"所居，门已不是门，墙已不是墙，更别说那些私装、私拆的房屋部位，叫人看起来都要替老宅心酸一把。

建筑师隈研吾的《负建筑》片段此时跳入脑海："我们的欲望让我们把建筑物从周围环境中分割出来，忘记了建筑的本意是让我们容身，让我们居住得更舒服，而一味地将建筑当成'物'，在其身上画满了各种符号，直至将我们自身淹没……"可就是这样一座破败建筑，在另一类人的手中却成珠成宝，熠熠生辉。

1	3
2	4
	5

1.窗外是块小竹林，怡然自得　2.庭院小阁，古朴精致，处处能感受老苏州的旧时风情，让人有穿越时空的错觉　3.绰约的灯光，宁静的周边　4.蓝布印花的桌布，古典的台灯　5.浴室，戏莲图

古朴中的生机

　　说是古董满屋，可若没有人带着讲解，你就根本无法知道这些古董家具的来历。屋内的灯光也总是暗暗的，不让你看得清楚明白。我问，为什么灯光不能调得明亮些？店员回答，旧日老宅的光线就是如此，同时也能模糊掉老宅不得不老的一些细节。你能见到老式的屋檐结构，却看不仔细时光造就的各处伤口。

　　墙上还有一对木牌引起我的注意，上面刻着毛泽东 1935 年 9 月写于长征路上的《七律·长征》。又细细寻了一番，还看见门楣上的"永远革命"字样。或许对于平江客栈的老板而言，这里不仅仅是酒店，更是一处鲜活的文化传承样本。它最可

文艺雅致，曲径通幽

贵的不是这些价值连城的古董文物，而是它的历史。

诗情画意之外

　　平江客栈的客人如要在客栈内吃饭，是要稍稍走出来一些的。餐厅在门外，近着桥，近着水。其建筑外墙亦是平江客栈的特色之一。2005 年由同济大学童明教授设计，外墙采用水磨青砖镂砌手法，至今仍保留着庭院、檐柱和长窗等。整座砖墙朴素无华，具有浓郁的传统江南风格，又不失现代特色，与周围的粉墙黛瓦融为一体，被命名为"砖细花墙"。

平江客栈的总经理梁先生告诉我，将餐厅外设是为了更好地服务客人。"老宅的灯光都偏爱，但真正吃早餐和午餐时，现代人未必会习惯。"而现在，食客可以坐在河边的露天茶座用餐，欣赏苏州河畔和街巷景色，看着太阳东升西落；也可以在膳房的中餐厅用餐，重温那江南往昔的旧时光。

"当然，如果他们希望在客房里吃饭，也可提前一天写好要选的口味，交到前台，我们提供送餐服务。"梁先生见我时身着白色衬衫、黑色西裤，举止间透露着中庸之道。他平素忙碌，掌管平江客栈大小事务，日常生活也全都围绕着客栈。"入行久了，想的不再是客栈的情调。"他眼中的客栈，只剩客房服务、人员调配、物件维护、保安事宜，不见诗情画意。

清晨六点起床，打点清爽，梁先生便欣然前往客栈，以前打车，地铁开通后便搭地铁。梁先生腰间的一串钥匙日日都要被抚摸一把。先入门厅，检查住客登记、电脑开机情况、监控录像、网络设备；进当日无人客房检查，手指轻扫桌面，验看卫生间淋浴，捏住床单轻抚，查验潮湿程度，等等，日日如此，从不间断。"越是老宅，越要细心。"他抿了口茶，习惯性用右手抚过胸口的钢笔，身体坐得笔直，像当兵多年的人。

我问他，最怕酒店发生什么事情。他回答，最怕火灾。"其他都有得救，只有火灾没得救。"梁先生深知中国法律对火灾管控的严厉程度，而他更清楚平江客栈两栋老宅全都是木质结构，老得不能再老了。"寻常酒店的消防系统可大可小，我这里的消防系统却是按照最严格的标准来建的。"他很严肃地说，"我什么都可以不管，唯一不能假手他人的就是酒店安全。"这是一个日日为平江客栈操心大小事务的人，言辞不浪漫，却是实实在在的做事人。

▲ 苏州园林

苏州最美，数春光明媚时。无论日光和煦或是细雨绵绵，或大或小的园林都是一幅动人的画卷，或繁花似锦，或碧树浓荫，浅语低声慢慢行。

▲ 平江路

平江路的午后时光，吃时热闹，逛时热闹，闲坐休息却可安安静静，坐看小桥流水。是要车水马龙的喧嚣，或是身远万丈红尘的脱俗，一进一退全凭客官一心一念。

▲ 苏州博物馆

苏州博物馆，单单穿梭于馆与馆间，光影就有无尽效果，次第而来。以此为本来解读苏州园林，确有事半功倍的效果。设计者为著名的建筑设计大师贝聿铭。馆址为太平天国忠王李秀成王府遗址。

▲ 金鸡湖

现代苏州城的标志。金鸡湖是目前中国最大的城市湖泊，风光秀美，大气磅礴，夜景最美，苏州本地人前往散步的也很多。

吃喝玩乐掌柜推荐

○ 山塘昆曲馆。目前唯一一家每天有昆曲折子戏演出的场所。

○ 鱼食饭稻土灶馆。平江路上一家古典与现代相结合的格调餐馆。落地玻璃窗，看上去非常亮堂。馆子里做的是规规矩矩的苏帮菜，味道很好。生意很火，最好提前订位。

○ 吴门人家。环境是标准的苏州老宅，青砖的墙基、木头的大梁、尖拱的屋顶，颇有些庭院深深的韵味。出品自然是苏帮菜，卖相一般，但口味绝对出众。响油鳝糊色香味俱全，糖粥口感细腻，清炒虾仁新鲜弹牙。这里生意非常好，一定记得提前预订。

爽滑的清炒虾仁

其他客栈推荐

星空客栈

两层的四合院，全是木质建筑。一楼，越过前台妹妹的身影，就能见到中间的小池塘。

池塘三面用地榻一围，小茶几一设，闲看风月无边。入夜时，推窗有明月入怀，影在水中，来去自如。房间古色古香布置，然而由于古宅缘故，空间利用颇有些浪费，喜欢大屋宅的客人多半会喜上眉梢。客栈的细节也贴心，"入住指南"上还有附近小吃的地址和价目表供参考。房价 299 ~ 499 元 / 天。

■ 地址：苏州市姑苏区平江路 166 号　　■ 电话：0512-67705116

一楼天井改做的池塘，长榻绕着三面，随心而动

客栈特色

■ 邻水客栈
■ 注重细节
□ 江南诗意氛围

周庄
墨荷客栈
——见玉不见泥

你坐着船，听着船娘的小曲，一路悠悠荡荡，而你的注意力会被通秀桥畔的一个地方吸引住。乌瓦乌檐，米色栈道，绿色的莲朵缀在大瓮里，悬在门口的鸟笼半开，似等着晚归的娇客，自如饮茶的人们随意坐着、搭着、站着，阵阵笑声传来，这一切都会叫你想让船家停下，靠上去，走上平台，去探探这家叫作墨荷的地方，究竟是什么样子。

只是喜欢听雨打芭蕉之声，细微的雨滴落下，点点声音回荡在心田，大雨滂沱亦不要紧，就当欣赏一场雨倾芭蕉叶上的舞蹈

春去秋来，季节的轮回中曾有过多少"寂寞梧桐深院锁清秋"的惆怅

房　价

客房类型	价格（元）		客房类型	价格（元）	
	非周末价	周末价		非周末价	周末价
大床房（乱红、拾雨）	288	320	双人房（青尘）	288	320
大床房（晚风、望月、闲云）	300	350	豪华大床房（渡情、白水）	400	480

掌柜的梦想

掌柜素描

掌柜王先生，不愿走落于俗套的"生活桥段"，辞去工作后，在妻子的帮助下在周庄开了一家颇有新意的客栈。他自小生于水乡，长于水乡，见水则亲，又极爱四处串门，"到周庄，是老天定的谱子，我就得好好做。"他爱搬把椅子坐在临河处，同客人们随意地聊天。如果他不在客栈，那便是在迎客人的路上，或是买菜的路上。

半黑的墨镜架在鼻梁上，剃了几日的光头已经长出发茬儿来，T恤配中长裤，左手一串紫檀佛珠串，他立在那里说："哎呀！你出来了？正想去跟你打招呼呢！"说这话时，我正带着小相机走出房间。才被各种房间内散漫又明艳的搭配法打动的我，很是没办法将面前瘦长身形的男生同这家客栈的掌柜联系到一处。

倒了两杯茶，杯柄厚实，热水的温度开始外延。他似很不在意热度，捧着，斜靠在牛仔布沙发上。背后是绿窑式的器物承着十来枝枯莲蓬，浅淡间以露天玻璃窗里的明黄、明红做底色，很是好看。一来一回的聊天里，偶尔他看着门外经过的那些人，晃一下神。那是周庄的行船人，搭着游客们一摇一荡地朝前。等船摇了过去，细细的歌声依然拖着尾巴在门口待一会儿才散掉。王掌柜说，这时他感觉自己活在水乡。

重住水乡，是他的梦想，也是开客栈的动力。"我从小就住在水乡，跟这里差不多。有水有船有桥，有院子可以摆饭吃酒，有地方可以闲坐聊天。"小时候在河边撒野的记忆，记得太深，记得太狠，所以成年后照例在城市里找了份工作，心里却是不满足。想换，离开城市的闹、城市的吵、城市不近人情的那一面，他终是和朋友盘算又盘算，决定在水乡开一个客栈。

两个人，六个月，江浙兜了一圈，缘分却在周庄。邻水房，风水佳，堂气正，看中了房子，二房东早已完成了硬装，硬投资的比例少了。还账的时间长了，两个人变成一个人，王先生成了王掌柜。而掌柜哪里好当？采购物品是第一关，大到桌椅板凳，小到床单被套洗漱杂物，全都是他一人包办。因从前不做这一行，经验上缺了，只得靠勤补。现在问他客栈的经营，当然如数家珍。

床单被套是纯棉的，冬天都睡得贴身舒服。一个房间

庭院深深，适合抚琴弹奏年华的芬芳

至少配三套床品，周庄潮湿，雨天也不少，总有长晒难干的时候。客人来去之前，王掌柜都要检查一遍房间的设施，亲手检查电视机好不好用，空调制冷、制热功能是否正常，浴室物品有没有按照规矩摆放，提供的水杯有没有洗干净。一楼的客房最为潮湿，阴雨天光开窗透气还不行，常常要开空调抽湿。到了晚上要查房，碰上哪位客人晚归，王掌柜总要坐在邻水露台上等着，等到客人全回来才肯去睡觉。"露台舒服，等等又不费功夫。"他说，"心里有把客栈做好的念头，眼睛就能变细，看到人家看不到的地方。再多的梦想讲到最后，都要一小步一小步地做出来。"

他还喜欢同进进出出的客人打招呼，陷在软乎乎的沙发里，端茶送水。"多问几声总是好的，人家肯同我讲好的、不好的。"很多客人的建议，便是这样聊天聊出来的。王掌

客栈资讯

地　　址：
江苏省苏州市昆山周庄古镇内西市街 13 号（通秀桥北 20 米）

电　　话：
0512-36872487、18962682487

预订方式：
可通过去哪儿网、携程网、艺龙网等网站预订

斜阳下的意境

柜回答我的时候，还分了一半心思给旁边的客人，分明还在"运营期"。

房名，诗意满满

水可以刚，可以柔。刚是浩浩荡荡，波澜壮阔；柔是细腻婉转，灵动俏皮。既然身在水乡，墨荷的客房里也留下两间同"水"结缘。两间"水字间"都在亲水露台上，刚柔并济。一是"白水"，意为"水之绵长不绝"，二是"渡情"，意为"船桨一荡间留下的丝丝情分"。"用我的眼睛去看，周庄的水是活的。"不太忙的傍晚，王掌柜喜欢坐在河边，夕阳下的河水很美，船桨划出的水痕很美，船帮上浮浮沉沉的水印很美，船娘抑扬顿挫的船号子听起来也很美。旁边的荷叶开得绿意盎然，大片大片的绿色在瓮里开出来，"这样的日子你才会希

生活·在风景与理想中 一地一客栈

望它慢慢地过。"

其他六间客房在入院后的两层建筑物里，上三间为"天字房"，下三间是"地字房"。两个系列之间，只靠左侧的楼梯相连，即挂蓑衣的那一侧。右侧的楼梯不到客房，而是伸出去，直奔二楼露台。

```
 1
---
2 | 3
```

1. 在动听的旋律中，伴着窗外的雨声沉沉入睡。可以是一支钢琴曲，也可以是一支古琴曲，是什么已然不重要，心静了听什么都静　2. 老板喜欢坐在沙发上，泡壶茶，同客人们打个招呼，应个景　3. 一壶清茶得来一刻宁静

"地字房"，有"清尘""乱红""拾雨"三间客房，名字听起来都很素雅。"清尘隐高树，万瓦光鳞鳞"，你看得见微光下清尘漫漫，衬着晨光扯出千丝万缕的希望。"泪眼问花花不语，乱红飞过秋千去。"这确是"乱红"，要等秋雨来一场，捡一只小瓷来，收拾满地细碎的桃红色。"渭城朝雨浥浥清尘，客舍青青柳色新"，"拾雨"却比前两间房更容易看得到。下雨时，可见外面雨水稀稀疏疏，坠地有声，溅起如花，久开不散。单一个字，就把窗外的实景虚景全都借了来，借字现景，无一例外。

同样，因房名有"花"，入了室，床上有莲花，扇中有莲花，柜上也有莲花。这花雨微尘间的雅致，全因为王掌柜心中珍藏着的一幕幕小景色。不大不小，不多不少，只在诗中借了一小段出来。"起名字时很麻烦，我搬了板凳坐在这里，一坐就是好几天。"他在楼下坐坐，楼上坐坐，坐着坐着，拿自己当了几回合的古人，房名就都有了。

推窗见绿，午后日漫漫

在古镇转了两天，也看见不少客栈，墨荷家的院子虽然在其中不算太大，但是瑕不掩瑜，胜在小而精致。洗完澡，一个人静静地在露台上泡一壶茶，看着满天的星星，听鱼儿偶尔跃出水面的扑腾声，真的希望时间就停留在这一刻……第二天坐周庄的游船时发现其实酒店就在下船码头的旁边，可以说整条航线最小资的就是墨荷，酒店的气氛实在是太安逸啦。
——去哪儿网试睡员，陌大大凡

住得很舒服的客栈！窗外就是小河，摇船经过时划船的大叔或阿姨会唱当地的小调。清晨的周庄被薄雾环绕，听着小调醒来，很有意境。我最最喜欢他家的小喵星人，超级可爱又黏人！推荐！
——携程网，233249****

这是一个老宅翻新的比较有特色的客栈。房间稍微小一些，但已经够用，房间比较安静。这家酒店是古镇最东边的最后一间民宅，比较安静，适合发呆。老板是个文艺小青年，人不错。前台的妹妹也比较认真，但希望前台妹妹每天都能笑一笑，这样会更美丽，也能让顾客感觉心里暖暖的，总体不错，值得来。
——艺龙网，asplan

二楼的"天字房"，则有"望月""闲云""晚风"三间。望月，见月思月，等新月弯弯高挂，等深夜沉沉的一滴水露，等窗前似来非来的一抹素影。闲云，是要招一丝一缕云彩入眼的，多半是"深山兰若何时到，羡与闲云作四邻"，也可以是"闲云潭影日悠悠，物换星移几度秋"，更可以是"清磬度山翠，闲云来竹房。身心尘外远，岁月坐中长。"晚风，能拿来诠释的意思更多，只看心情如何，是高兴，是惆怅，还是忧虑。"晚风吹行舟，花路入溪口"可以，"草铺横野六七里，笛弄晚风三四声"可以，"惊飞远映碧山去，一树梨花落晚风"自然也不差。"望月""闲云""晚风"，有这三间房，做一个闲散仙人亦足够。

生命的厚度

硬装是二房东现做的，内装就是王掌柜要操心的大头。苏州远，上海也远，东西搬来搬去也不方便。除却床品、浴巾

晚上回来，开了大门，再打开住的房间，没有宾馆那样奢华的装饰，有的
是家的简洁温馨

等物件是亲手看过、摸过才定下之外，其他东西几乎都是靠万能的淘宝搞定的。王掌柜奔波了整整一个月。

里院二楼，唯一挂的那幅墨荷图，以及斜对楼的蓑衣，都是王掌柜精挑细选来的。问为什么挂一身蓑衣在砖墙上，好像也没有太多古东西在里面啊？他明显一愣，对我讲，好歹要放一点儿老元素在里面才好看啊！然后他就带着我四处走，要指给我看哪些是"老东西"。

原米，大厅里的条桌、茶几和绿色器物，房内的茶几板凳，只要是色彩鲜艳的版本，全都是从云南的一家小店淘来的。王掌柜想说，既然老宅子本身就剩一个空壳子，那还是要增补一些老的元素在里面才好，不然全都是摩登元素，看起来会很怪。"还买了一些民国的小器皿。"他摆弄着藏在沙发后的几个瓷器，全都是小小的身材。"清代的东西很多很杂，我也不晓得哪个好，价格也高。"他更喜欢民国的器皿，不贵，看起

挑高的梁层，屋内清净，无人扰

来又很有味道。往桌上一摆，既有造型的美感，又有年份的沉淀，和整个墨荷客栈的氛围很搭。

　　他还特地向别的客栈学习，弄来整套的熏香，放在每间客房。长条形的盒子放在明色调的茶几上，其实并不起眼，很容易被忽略。他便每次都提醒客人，晚上入睡前点一支香，可以安眠。王掌柜盘算过，每年不忙的时候总要到别家精品客栈住上几天。"多看看多学学，在自家客栈待久了就不敏感了，就当是充电。"王掌柜说，"还有很多内装要补啊！"他指着门口背后两块不起眼的空地，再指了指缺花缺草的内院，满是瓷砖的院子也的确没有什么空间能栽植花木了。"总有解决办法的。"王掌柜笑嘻嘻地说了一句，跟着湖南客人下厨炒出的辣子味道就跑了。我看着他的身影，想起了这样一句话："我们很难决定生命的长度，但我们有权决定自己生命的厚度。"献给所有刚开始为自己的梦想努力的人们！

周庄旅游推荐

◀ 双桥

　　建于明代，两桥相连。因出现于旅美画家陈逸飞的油画《故乡的回忆》中而闻名。

▶ 沈厅

　　沈万三后裔沈本仁于清乾隆七年（1742年）所建。七进五门楼，大小100多间房屋，分布在100米长的中轴线两侧，占地2000多平方米。整个厅堂是典型的"前厅后堂"的建筑格局，阅之见古风。朝正堂的砖雕门楼最宜细观。

◀ 张厅

　　明代建筑，古镇遗存。前后七进，房屋70余间，殷实人家的气息十足。厅旁箬泾河穿屋而过，正所谓"桥自前门进，船从家中过"。

吃喝玩乐掌柜推荐

○ 花间堂桔梗餐厅。可去那里吃自助早餐，怀旧风格，又有许多花草点缀，早餐吃着像是情趣上佳的下午茶时光。以西餐为主，部分中餐，东西不错，吃个情调。70～100 元 / 位。

○ 双桥小吃。靠近双桥，很容易找。凉皮、豆花、臭豆腐，喜者甚多。

○ 三毛茶楼。在中市街。吃比茶好，却是值得为了三毛去上一趟，二楼坐上一阵，也是清净之地。

青石板古巷里的 "三毛茶楼"

其他客栈推荐

忆江南客栈

　　忆江南藏在小巷子里，门前总有对门住家的狗儿占据地盘，不怎么引人注目。住客体验都是口口相传的。有一个美丽的花园式庭院，院里绿树伞盖撑起，遮了一半天光，于是白日不热，夜间凉爽。房间均为大床房，只是大小、位置略有区别。平常房价230 ~ 400元 / 天，周末提价10% ~ 25%。

■ 地址：周庄古镇福洪街/1号，近周庄博物馆　　■ 电话：0512-57211787

1.绿意舒朗，门口纸灯悬　2.遮阴蔽日，坐时半身闲　3.斜靠懒倚，有心开门，无心醉

偶遇江南客栈

　　偶遇江南的情调也是雅致，就在忆江南客栈的左侧，对着大路，更引人注目。房间也多，以简约休闲的色彩设计为主打，配以庭院内各色桌椅的闲适，是客人很喜欢的庭院环境。楼下花园景观房 280 元 / 天，楼上花园景观房、临河花园景观大床房和临河花园景观双人房为 380 元 / 天。周末房价上涨 2 ～ 2.5 倍。

■ 地址：周庄古镇福洪街 53 号，古牌楼入口右转河对面，近全福路
■ 电话：0512-57228887、13862676376

1. 晴时不觉得，小雨滴下，点在橘色上，晕足了很是好看　2. 一白一绿，色调自有不同，极好判断　3. 房内家具摆设不多，简洁为主

正福草堂

　　正福草堂，整座宅子古色古香，除却 7 间客房外，其余皆是公共空间。书房、大厅、小厅、闲榻俱全。主人爱传统文化，故庭院客厅布置颇有古人遗风，松竹分布，枫藤预会，青花溢彩，缂丝流光。到了夜间，琉璃灯影重重。大床房价格 400～1080 元／天，因房型大小、设施各有不同。周末提价 60～80 元。

■ 地址：周庄古镇中市街 90 号，近全福路
■ 电话：0512-57219333

1
2 3 4

1.天井位，门开五分　2.沐浴间，干湿分离　3.大床房，借今忆古　4.二楼廊道，一杯茶水半日歇

客栈特色

■ 老宅老家具
■ 朽木酒吧

同 里
恩泽堂
——芙蓉露下落，杨柳月中疏

恩泽堂就像是同等年份的老宅，虽是客栈，却脱不开从明末清初至今的记忆残片。旧与新，随着年轮交替着角色，彼时的新成了今日的旧，今日的新成了明日的旧。你会看见时间的脉络如何悄悄改变老宅的一切，墙面、屋梁、象腿、池塘、楼梯、扶手、雕花床、桌椅……对于老宅，可能只有主人凌先生最有感触："生活在老宅中一日，便很难再舍得离开。"

老店大厅

茶壶，寻一个意境

房　价

客房类型	价格（元）	客房类型	价格（元）
双标房（双床）	150	古典房（大床）	150
古典家庭房（双床）	220	家庭房（大床）	220
古典套房（双床）	280	古典大套房（大床）	480
现代大套房（大床）	688		
注：房价随周末、节假日有所调整			

凌家老宅

掌柜素描

———————

　　凌先生，家学渊源，摸玉而心喜，挂串于颈间无数，轮流赏玩。家传古宅一座，经营古玩生意后又赚入一座古宅。前一座古宅作旅舍，与众君共赏；后一座古宅自住，每年添置些物件——砖雕、摆设，不计。爱茶，常以茶会友。

———————

　　暗红色的老木牌刻着"东溪街"三个字，路牌朝里，石板路清净。隔壁桥上桥下行人三五队走过。两支店幌指向弄堂里，碎石码地，挂一只褐色底白色印的"住宿"招牌，两只红皮灯笼相对，粗看不过是寻常人家院子。

　　越走近，越不然。红皮灯笼是挂着，只远处看不出来，它们挂在一排浓绿色的藤蔓植物间。没有七八年，绝养不出来那么繁密的气候，就像是人工拉出的藤丝，一缕一缕整齐地叠了又叠。绿色虽盛，脚下的那几块粗石却不容忽视。刻了佛像，看形体勾勒，有点往北魏的年代去，面容宽厚、质朴，不知是哪儿淘来的。镇宅兽威威武武在门前一站，迈步进屋成了心动身也动的唯一选择。

　　红木桌椅按着官家的位列，伺候在外厅。左位内嵌了一个佛龛位，三支香烛，一座小位菩萨。朝里，两道雕刻精到的木扇门隔了两处空间出来。外面，简单，八仙桌一张，花窗一推，漏院中半绿半水进屋，一处鲜活已够受用；里面，红木圆桌一台，箱柜几个，博古架几个，观音数位，画作数幅。然看大厅，却是单单两隔木扇门。

　　屋主凌太太在，正从几位客人退房的琐杂事中脱身而出，把玩着刚入手没多久的玉石，同我说几句，抚一下。玉色虽新，气色极好。木扇门的看点，在其雕刻。凌太太说，不少客人来到恩泽堂老宅，就对着木扇门又惊又叹。惊，是惊喜，寻常老宅能有如此老而清晰的象腿雕工，祖卜必然福荫不少，能渡战乱，能躲兵荒，也能避开人灾。两只象腿对比，一全一残，光阴次第开，逝去的数百年时光更易读来。

　　正厅左手位置，那间房很受凌太太推荐。地砖铺成，夏日乘凉。雕花大床同外围坐榻之间，有大缸一口，内藏碧莲一朵，入眼满室清香，无须真的往鼻尖走一趟。雕花大床是精

清爽淡雅

雕细刻的，描金绘彩，立在屋内，有不可撼之感。"雕花床是原汁原味的，有些自家的，有些别家收来的。收拾干净，老宅的大部分房间都有它。"凌家的客人大部分也都是冲着雕花大床来的，要住老宅、睡老床，所以当年才刻意在周边收了一些来。凌太太描着床上的雕工刻工，要我用手去感触那些花纹，能隐约闻着松木香。

顺细窄楼梯而上，红窗搭扣的芭蕉扇，是不容易被发现的小景。只有在二楼，才能更清晰地看清楚这座老宅的"八"字形扇骨，是清爽是淡雅，是繁盛是复杂。二楼的房间也是中式，却不古。红木大床，方头方脑的桌椅，青瓷灯座，绿纱笼做窗帘，满是云纹的沙发把手，感觉有，细节也有。

凌家新宅

恩泽堂除了老宅，准确说还有两处新宅：一处就贴着老

客栈资讯

地　　址：
江苏省苏州市吴江区同里古镇东溪街 23 号（近退思园）

电　　话：
0512-63334807

预订方式：
在去哪儿网、携程网等网站均可预订，也可电话预订

明式的圈椅，于门口守着来客

宅，也是邻居的屋宅，也有历史，只是比不过凌家老宅的古意浓郁；另一处在明清街的反方向，竹行街上，由从朋友那儿买的两层小楼改建而成。那天我住在后一所新宅，"朽木酒吧"的楼上。

"恩泽堂客栈"的招牌高悬，"朽木酒吧"的招牌与之并列。凌老板抱着茶，眉毛一挑，"嘿嘿"一笑，问我："猜一猜朽木的意思？""大约是很有年份的意思。"我回答。他不说的话，我根本看不出木质的船桨、木质独轮车、木头轮子、木桌以及硕人的木质吧台，都是金丝楠木的。

一道玻璃门，隔开酒吧同住宿区域。新宅的住宿登记，全在一张巨人的茶桌上完成。背靠内嵌展示区域，灯光照得茶壶、茶杯的胎壁快成一道影子。墙里墙外，凌老板是又添诗词又添笔墨。他挂苏轼的《永遇乐》，"明月如霜，好风如水，清景无限"；也挂《云飞经》的小楷小字，疏朗得宜；更

住客反馈

住的古典大床房，很安静，很漂亮。老板娘丁姐服务非常热情，我们坐长途车下车，丁姐直接让姐夫开车来接。她家在河边开了间酒吧。感觉位置、房间、价格、服务都不错，值得推荐。旺季和周末房价上调，不过个人觉得物有所值。

——大众点评网，chphan

这家店的老板娘特别年轻，特别可爱，特别能干。去门口接我们，给我们烧了一大桌子可口饭菜，有肉、有鱼、有虾、有汤，当然这饭菜要提前预订，还得看老板娘是否有空。房间雕花大床，很有特色，屋子里很多老物件都是收上来还有祖上留下的。他家还有茶具和茶提供呢。建议初夏时候去。

——到到网，avaloncable

位置僻静，不沿街，装修古朴。我们在同里吃了四顿饭，全是在恩泽堂里面吃的，味道超级好，尤其是清蒸鱼、同里小炒、阿婆菜炒毛豆肉丝。汤的味道也很美味，强烈推荐他家的私房菜! 总之，下次去还会去恩泽堂!

——携程网，1590080****

```
1 | 3
2 | 4
    | 5
```

1.茶韵悠长 2.人像的腿，一边全，一边残，却仍留着精雕细刻的痕迹 3.一室一茶盘 4.雕花木柜细节 5.明清时期的雕花大床

是不缺佛语，数笔一字，足以静心。美中不足，唯有花草不盛，不比老宅。凌老板说，你且给我三年光阴，看那时又如何！

回廊处恰遇雨，先是半微小半朦胧，继而越下越大，灰瓦白墙成就雨墨色。屋瓦落水，越落越大，敲打出的雨化越发密集。似上战场的勇士，随鼓声士气一振再振，策马前行，击杀贼寇。此时即便有花草，也不宜观，总是雨打风吹去。单凭栏一立，雨雾中醒神。云收雨散时，天井处攒水已够，映画出来是一片意想不到的云光远影，波光灵动。

再见凌老板时，我讲同里雨后的妙。他却笑我不见好货色，他眼中的同里只有一个代名词，那就是"宜居"。"同里的生活多简单，探访朋友，买点东西，走上十分钟什么买不来？我们走路都是悠哉游哉，不像你们在大城市，走路跟打仗一样，连走带跑。"他踢踏着脚下的石板路，带着我往私藏的会所走。

见古心喜的老板

除却客栈老板的身份，凌先生还有两大爱好，可圈可点。一是古董生意。用他的话来

新楼转阁，旧欢如梦

讲，见之心喜心悦，无尽欢欣。二是修缮老宅。以旧修旧，添添补补，每日想一下，做一点，修上十年都不会厌倦。他带我夜访的，便是陆陆续续修缮了数年的新购宅院，既算住处，也算会所。

　　距竹行街，不过三杯茶的工夫。这里本是同里的一家当铺，大宅。外有雕花门窗，素雅云纹，正门却常关着。因游客们总因外墙某某当铺的字眼欲进门一观，久而久之，凌先生只开了小门一扇，供进出，大门则长久闭合。

　　开篇仍是茶。开罐，取茶叶，熟潽。背后的多宝阁中，陈列着各式各样的茶壶；在仿明宽大式的圈椅里坐着，入手处线条极为流畅，腰部也圈得舒服。他说，清代的东西太复杂，远不如明代，干净利落，简洁大气。"明代桌椅的款式，更容易在现代家居中摆设起来，不显笨重，单身躯线条本身就是景。"

　　茶好，有客敲门。是来讨茶喝的朋友，携友而来，也携

老店外墙，满爬绿藤

一枚铜钱，请凌先生掌眼。看形，看色，看字样，凌先生笑眯眯地回了他一句："肯定不是真的。"转了话题，问我们正厅立着的达摩雕像生不生动。取料阴沉木，斜色扁边，一掌合十，衣衫折边，如风引动，渡水而过，神采着实不错。

此后，古言古语滔滔不绝。从何处淘来的窗门、桌椅，从某地赚来的对联、镂刻、佛像、砖雕等，各有来处，各有履历。纵是屋宅已有大半古意，凌先生仍是不满足的，但怎奈好货越发不易见。比起从前祖父把玩的许多物件，他坦承自己的收藏显然不够。"风流倜傥的玩家，是我祖父那辈人。琴棋书画样样精通，扇面自己做，鸟笼自己镶，笔尖自己做，圈纸自己裱。上能收润笔之资，下能精雕小物卖钱。"

祖父之后，凌先生的父亲也爱玩古玩。核桃、烟斗、翡翠、玉器，一类都不少。虽然经历了一场十年动乱，但眼光仍在，眼界仍在，时不时能认得一个好东西回家。而凌先生的童年，便是在背诗写文中度过，能见能学，果然因古意而心动，成就了家学渊源。

同里旅游推荐

▲ 退思园

退思园是同里的骄傲，建于清光绪十一年至十三年（1885—1887年），园主任兰生请来诗文书画皆通的袁龙造园。占地仅九亩八分，既简朴无华，又素静淡雅，具有晚清江南园林建筑风格。

▲ 崇本堂

崇本堂是由民国元年钱幼琴购买的顾氏"西宅别业"部分旧宅翻建而成。宅共五进，前后分别为门厅、正厅、前楼、后楼和厨房，面积不大，但里面的雕刻非常地精致。

吃喝玩乐掌柜推荐

朽木酒吧，等一个千年

    ○ 掌柜首推自家私房菜。状元蹄嫩，盐水虾鲜，阿婆菜炒蛋好吃。毛豆炒蚌肉，很鲜甜开胃。红烧昂刺鱼超级美味，莼菜汤也很鲜。不重样地吃，也能吃上一个礼拜。他还推荐自家的朽木酒吧，邀请你到老木头的味道里坐一坐。

    ○ 平桥旁的酒坛了饭桶。银鱼跑蛋、炒螺蛳、酒香草头搭配店家自制的米酒，酱油蒜辣口，美味在心间。

    ○ 未完成 de 咖啡馆。在鱼行街上，小而精巧，知道的人不多，适合年轻情侣坐坐。

其他客栈推荐

亨复堂客栈

　　亨复堂有点老，又有点新。这当中的痕迹全在屋宅里、墙面上、院落中，比如院内的山茶花就是古树，树冠遮阴得很，略一遥望，就是百年。房内谈不上大雅，但主人收拾得干净。雕花古典大床上睡一晚，掠起帘，推开阳台门，视野高高低低，顺如流水，是不一样的同里。房价 180 ~ 460 元 / 天。

■ 地址：同里新填街 210 号 (近中川路)　　■ 电话：0512-63330024

1/2　3

1.雕花床，年年顺遂摆件
2.庭院趣味　3.屋内，民国氛围

三谢堂

　　三谢堂是同里邵氏旧宅的一部分,建于明代。"三谢"个中有深意,要后代谢天、谢地、谢祖宗。客栈设有"如意""富缘""妙善"三套不同风格的住房,有全套中式古典家具传统客房。推门而出,小型四方天井的情怀十分微妙。老板还在进门处安置了一块阅读区,书橱一架,桌椅几座,小停可歇。房价有 380 元 / 天和 480 元 / 天两档。

■ 地址:同里富观街 53 号 (近东溪街)　　■ 电话:0512-63336886

2
1　3
4

1. 小天井改做的小厅堂,门柱上的橘色招牌,一户人一个小故事　2. 大厅特设的喝茶位,怎么喝茶,怎么看书,怎么度日,全在你　3. 长榻,窝着就是一日　4. 看得通透,新装的洗手间

客栈特色

■ 欧式风格
■ 花匠咖啡馆
■ 紧邻运河和东关街

扬 州
运河国际青年旅舍
——欧式复古文艺风来袭

扬州运河国际青年旅舍，与东关街咫尺之遥，却隔绝喧嚣。三层小楼，单凭一楼橱窗里的老自行车、老挂钟、老电话机，你就可知它许多趣味。棕色的壁炉，放在角落的钢琴，头顶的吊扇旋转时流动的影子，只当那留声机里音乐当真嘶哑出声，既熟悉又陌生。客房欧式装修，英伦风情十足，每晚足可做一场美梦。

被精致小物簇拥的大厅

大厅发懒的大熊，最受青睐的合影对象

房　价

客房类型	价格（元）	客房类型	价格（元）
精致标准房（单人床）	179	精致大床房	219
高级客房（大床、双床）	220	家庭房	220
景观房（大床、双床）	279	豪华客房（大床、双床）	700
豪华套房	488	多人间床位	70
注：淡季网上订购有 10% ~ 20% 的折扣，旺季价格请提前查询			

扬州文青聚集地

王同学，旅舍风格缔造者。
年轻，有创意，喜欢倒腾新鲜
玩意儿。画风有趣而精神，眼中
世界更是有趣而精神。喜欢音乐，
喜欢旅行。"生命不休,折腾不止。"
由此折腾出扬州城独一无二的欧
式风情。

用一句话来形容扬州运河国际青年旅舍，那就是一间带
有青年旅舍功能的小型精品度假客栈，同时因其整个装修的
欧式风情成为扬州城内小资青年和文艺青年的聚集地。

去过欧洲的人，会有这样的感觉：城市建筑没有过高
或过低的，墙壁大约都是蜂蜜的颜色，屋顶石灰色，暗暗的，
却浑然一体地张扬着一种古典气质。在扬州运河国际青年旅
舍，你也会被同样的古典气质所围绕。

王同学是整幢旅舍的形象设计者，除去为房间内装做决
定，他还要同时打理一楼的酒吧、花匠咖啡馆和橱窗展示区。
在他眼中，房间的内装，其实是一个不断学习的过程。"并不
像别的设计师，定稿再去买，我们稍微走了一段冤枉路。觉得
这个灯不错，买来，却发现不是很匹配，于是摘下来，又去淘
换新的灯，再装。"所以，提到仓库里现在还堆着的一些未能
安装的器物，王同学还是有一些羞羞的表情。

即使走了弯路，但王同学搭配出的旅舍却叫人眼前一亮。
请忽略装备还不算齐全的大厅右侧，走上略暗的楼梯。"楼梯
和楼道的灯光是故意调暗的，希望可以传达一些环保的情绪。
而楼上四面都有光，所以看什么都还很清楚。"但无形中会让
白天的客人容易忽略墙面上挂着的一系列油画，饱含着欧式乡
村的淡定感。

客房的内装颇费心思。干湿分离的浴室，就是其一。它
被欧式包金栏杆圈住，在形式上同大床产生空间隔离感。镜子、
笼头还有很多五金件，大床、沙发和衣柜，轮廓清晰。你会
想象自己慢动作躺倒在大床上，发丝缓缓地飘起来，见得到
颗粒物在阳光中四散的样子。

王同学认为，扬州运河国际青年旅舍和其他青年旅舍不太

玫瑰色调的梦，假设公元多少年前你也曾出现

一样。"我希望这是一个客人们能眷恋的地方，为它执着，产生依恋。我希望他们能被房间里每一个物件的协调搭配所创造的统一美感深深吸引。"

花匠咖啡馆

我向俊小姐坦承，我被客房的内装吸引住了。可是按照我对文艺范的想象，它还差一点内容：拉出色差感的墙面，几幅乡村曲调的小油画，桌台上镶着金边的杯壶，留声机里放着埃尔加的音乐，有沙发可以坐下，《大提琴协奏曲》总是更适合淡而忧伤的气氛。"细品啜红茶，醇香诱人，喉咙间有滑柔的舒适感，香气如骏马扬蹄而来。"

俊小姐是旅舍的实际"操盘手"，日日关心大小事务，日日

客栈资讯

地 址：
江苏省扬州市广陵区泰州路宋城名都 196 号（近东关街）

电 话：
0514 87330005

预订方式：
在去哪儿网、携程网等网站均可预订，也可电话预订

旅舍外景

操心销售和市场。虽然成天要面对报表的数字曲线上上下下，可她却是一个很有趣的人。听我说完这样的期待，她用手一指大厅，叫我去探探再说。

原来是花匠咖啡馆，躲在大厅的最左侧。因为光线略暗的关系，它居然从我的眼皮下溜掉了。说起摆设来，会很得小女生的欢心，小黄人、调皮发箍、恶搞小魔鬼、许愿兔崽……一个小玩物就有一个故事。

善言辞的咖啡师傅很会哄人，夸耀这里有扬州最好喝的咖啡，每一杯都采用进口咖啡豆现场磨制而成。他对我说，要有耐性，没有耐性喝不到好的手工咖啡。"要是真没有耐性，"他拿起一份包装精致的伴手礼，秀给我看，"24 种咖啡色、36 种伴手礼，你可以买回家去慢慢研究嘛。"花匠·桃小酥、花

住客反馈

扬州运河国际青旅是我一直以来住过的最棒最有爱的青旅啦！大厅和咖啡厅满屋的泰迪，处处都彰显精致奢华，到哪儿都是柔软的地毯，处处都尽显贴心。

——去哪儿网，修改名字五万次

前两天住在个园青旅，没有住到标间的我来到运河青旅，突然就有些不知所措。因为相对于青年旅舍这个名字而言，装修实在太奢华、霸气了些。我和我的小伙伴都惊呆了！

——去哪儿网试睡员，喵姐 V5

开门有惊喜，装修很欧式，我跟老妹都很喜欢。交通的话，隔壁就是东关街。特别要提的是酒店旁边的两个饭点：锦春的蟹黄饺，一点不亚于富春，就在隔壁；另一个在旁边巷子里，口吃芝麻锅，这个味道真是绝了！

——去哪儿网，天下无攻

太意外了，大幅度提高了我对青年旅舍的好印象。整体装潢很小资，欧范儿，房间布局也很喜欢。我住的景观双床房，干净，一次性洗漱用品齐全，私密性好、隔音好，在酒吧楼上，晚上也没听到音乐。只可惜没能订到景观大床房，再有机会到扬州玩，还会住这里。

——大众点评网，feiter

匠·绿阳春，单是挑也能挑花眼。这样的原创设计产品，在扬州还真不多，礼盒包装也是十分精致。

花匠虽然做咖啡最优，但是你要是请他们泡杯茶，那也是很快的。他身上穿着白红相间的T恤，一脸幸福的样子，同我讲述扬州客人无论晴雨都要跑来喝咖啡、喝茶的故事。

坐在沙发上，柔软而服帖，衬着腰的弧度，让人很愿意想象，来一位英式打扮的女仆，殷勤地端上一杯下午茶。似董桥先生的伦敦，"午后，穿过树林斑斓明媚的阳光，透过古朴的玻璃窗，投影在悠闲品茶老人侧脸的景象，宁谧得像一首王维的禅宗诗，又如英国管弦低吹着佩里的英国民歌《多年以前》似的幽恬而温暖。"

$$\frac{1}{2 \mid 3}$$

1. 旅舍设计师每隔一段时间便要修改橱窗里的摆设，叫他讲，这是梦的延伸　2. 入夜后，酒吧门前的招牌开始点亮　3. 握住记忆不肯放的黑胶唱片机，真的或假的已不重要

渲染复古情调

愉悦旅行，聆听内心

和所有的青年旅舍一样，扬州运河国际青年旅舍同样也在一楼为活泼的年轻人们安置了一个喝酒聊天的地方，杯杯盏盏，五色缤纷——例外 Pub。"我们的客人可以选择在大厅坐着聊天、待客，因为那里比较安静。也可以到酒吧来，听听音乐，喝点东西，就当一日旅途劳顿后的放松。"王同学还是很喜欢自己的手笔，毕竟是用心之作。

因契合了欧式风情的感觉，例外 Pub 无形中成为游走城市、放嗓高歌的音乐人在扬州的首选。"其实每年也不会太多，一个季节一次的样子。每次他们都在这里待个几天，唱唱歌，做点音乐。"王同学介绍，这种小型音乐会的模式可能在扬州较少的缘故，所以每次当音乐人演唱海报挂出去时，微博上顿时会被转发很热。当然也一定会有许多扬州人到场，来听一听，来看一看。

好比 2013 年 10 月中旬的刘于思一样。他是一位常住北京

这是个令人眷恋的地方

的音乐人，时不时到南方城市走一圈，见一些人，做一些巡演，然后又乖乖地抱着吉他弹唱。在遇见刘于思之前，王同学没想过这样的嗓音会出自一位年轻人之口。"那些纯正的60年代R&B，韵味十足的布鲁斯口琴，还有毫不做作的演唱，似乎老到得有一些过分。"

再好比2013年9月的白羽，继发行了首张乐队同名专辑《小民是个机器人》后，也同样将自己的民谣歌曲带到例外Pub。"可他唱的却又是摇滚范儿，关于与过去的自己相遇、你和他的世界相遇，是城市人的精神世界。"夏季最后的那个夜晚，这曲弹唱让王同学想了很多很多。

"年轻人喜欢的东西很多，很杂，很匆忙。我反而希望他们住在我这里的时候，能略微静下来，听一听自己的声音，听一听自己想要什么。愉悦旅行只是我们贩售的一种理念，我希望我们还能在精神世界上传递更多的愉悦感。"他这样说，也这样做，这叫人无比期待这家旅舍的未来。

扬州旅游推荐

◀ 东关街

扬州城里最有代表性的一条历史老街。东至古运河边，西至国庆路，全长 1122 米，原街道路面为长条板石铺设。这条街以前不仅是扬州水陆交通要冲，还是扬州商业、手工业和宗教文化中心。

▶ 园林

扬州园林久负盛名。《扬州画舫录》有"杭州以湖山胜，苏州以市肆胜，扬州以园亭胜，三者鼎峙，不分轩轾"之句，可见，乾隆、嘉庆年间，甲天下的是扬州园林。只看瘦西湖、个园、何园就好。太有年份的古宅，则需穿堂过巷细细寻访。

◀ 大明寺

早年的东关第一观，唐鉴真和尚东渡由此而行。宋代著名诗人秦少游赞其"游人若论登临美，须作淮东第一观。"

吃喝玩乐掌柜推荐

美好的一天从富春茶社开始

○ 富春茶社。扬州是吃货的天堂，富春茶社还是要去的——被公认为扬州茶点的正宗代表店。菜肴以清淡味雅、与面点配合见长。

○ 扬州民间收藏馆。展览物很多，短期展览更是五花八门，常有收藏爱好者定期前往。

○ 逛运河。运河两边是满眼的绿意与大片的老房子，有些老房子已经华丽转身成为博物馆、古宅遗迹，或者开成了商业会所、酒吧，而更多的清代老房子里，仍住着老城的居民。

○ 乐圈门旁的"网子酸菜鱼馆"。这里的酸菜鱼实在是太有名气。

其他客栈推荐

扬州星程永乐主题酒店

　　天井是星程永乐最迷人的地方，如果撇开绿色植物爱好者对爬山虎的特别嗜好不提，我喜欢把木门的插销拿开，180°打开，掀开帘子，往门栏上一坐。天上燕子飞，池中红鲤游。若我不在，帘子总是闭着。服务员说，能透气就好，让走廊喘喘，帘子一开小虫子也会跟着跑进来，客人就会挨咬了。她们讲起普通话都很软乎乎，也很慢。酒店主人是特意走江南园林风的。屋角的檐部向上翘起，若飞举之势，仿着古代建筑特有的韵味，灵动而轻快。镂空雕刻的屏风、雕刻佛经的树根、红色宫灯、仿古红木桌椅，壁画和玉器也不少。经理先生说，早晨时酒店的气色最好。

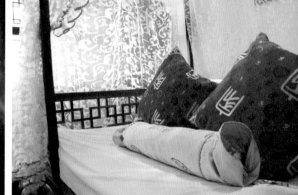

我不解，他就叫我清晨走上一圈。顺着运河的右侧前行，青青绿绿一大片，地上的草软得出奇，一人高的小树苗栽了许多棵，旱柳也是新栽的。上四望江山阁，眺望运河远远而来，缓缓而去。阁楼下的角门里，传来细细绵长的京腔。儿位老人带着茶杯、茶壶，坐于一旁，叙着话。又有一条悠长的小径往深深庭院里弯去。这一圈转完，转回头看星程永乐，果然气色最好。房价177～598元/天。旺季价格会有大幅提高。

■ 地址：扬州市广陵区南门广场15号楼　　■ 电话：0514-87315666

1.周末有人抚琴于此，一挑一按弦　2.帘卷，微醺，可安枕
3.日日光线从此过，染亮整个廊道　4.大床套房，一人独享

同福客栈

　　"螺丝壳里做道场"，同福客栈便是如此。大床也只是 1.5 米的那款，想要十分宽敞倒全然不会，可是这里的客人就是多。说小院子很雅致，说房间名都吉利，说水塘里的锦鲤很漂亮，说大红色百子千孙被很打眼。想吃东西，就往店里一坐，等着小刀面上桌。这生意好的，日日爆满。房间全取了好名字，房价 238 ～ 298 元 / 天。淡旺季价格不同。淡季订房约有 10% 的折扣，旺季时翻三倍。

■ 地址：扬州市广陵区东关街 159 号　　■ 电话：0514-87329968

1 | 2 | 3

1. 客栈外面，其实是一家小吃店。夏日里空调开得足，老在窗户上惹出一层蒸汽　2. 红色联柱，令庭院内的颜色鲜活了起来　3. 内置庭院，小而静雅。与外头东关街的喧闹似隔着两个世界

扬州画舫风情酒店

　　若在扬州提起古今文化交融的庭院式酒店，大多数人会说起扬州画舫风情酒店。出租车司机都晓得他家的客人多，所以即便深入瘦西湖，也声名远扬。每一间客房的装修皆不同，"一室一主题，一室一风景"，这或许同背后的艺术家协会颇有关联。格调以清新古朴为主，进可"凭栏眺景，观雨抚柳，无限温柔"，退可"携伴同舟，去湖心深处，探荷观鲤"。房价198～788元／天，旺季上涨。

■ 地址：扬州市维扬区平山堂东路33号　　■ 电话：0514-82121177

1
2	3	4

1. 当作一场梦，红色与白色的变幻　2. 说微雨最好，即便不坐在椅上，斜斜依靠墙壁，眼前便是景　3. 欧式简约风，归置得齐整　4. 或许睡着了，就能想象自己出现在丛林里，还有一段未知的神奇旅行即将开始

客栈特色

■ 明代古宅改造
■ 精致房间

宏村
一品更楼
——古宅中的婉约派

一品更楼改自明代徽州古宅，由台湾设计师洪丽芬历时三年半改建而成。它有着明末清初徽州官邸的骨架，刚而正，硬而朗，也有着摩登现代感的舒适度，妥帖，如家。庭院小而巧，凭栏而坐，遥见风云；厅堂稳而正，有君子之风；二楼小坐喝茶，眼见天井处的日光回暖；三楼盘膝敬佛，有透过天窗的光线丝丝缕缕。客房十间，各有风姿。

正厅堂，多少故事都会烟消云散

一抹抹草绿，一簇簇花色

房　价

客房类型	价格（元）	客房类型	价格（元）
印月（大床）	380	风荷、仙锦（双床）	480
沐兰（大床）	480	烟瑀（单人）	680
静韵、金缕、飞天（大床）	880	景熏、唐华（大床）	1280

缘起，自安

　　常言说，家宅似主人。主人什么脾性，家宅便一般无二地呈现出来。一品更楼也是如此，所以说楼之前，先说说女主人洪丽芬。

　　在她面前一站，你便知道她是台湾人。说出来的话，讲出来的句子，有着独到的软软糯糯，很好听，也分外能听得入耳。她见到我的第一句，便是问我中饭吃了没，肚子饿不饿，要不要喝点水先？听起来，很暖心暖胃。

　　她料理好客人，然后再跑来同我讲话。彼时，我已经上上下下"阅楼"了一番，很是喜欢。她特意换了一身衣裳，同我坐下闲聊。宽宽的麻质上衣，宽宽的麻质外裤，同丽江的那些悠闲散人不同的，则是衣服上的刺绣，那些大大的莲花图。洪老板又招呼，请阿姨送来两杯茶。玻璃桌上茶香缓缓，绿叶映在了面前，蒲扇一打，是聊天的地方。

　　话题，从最初的买楼开始。十数年前，有人跟洪丽芬讲宏村的古老，讲宏村的传承。那时她还在台湾做设计师，后来真的跑去宏村。这一见，缘分就渐渐起了。"住了一段日子回去，然后又跑来，又住了一段日子。"她说，后来机缘巧合买下了这幢楼。

　　洪丽芬在宏村购买的老宅，在村子水系的起端，这意味着，只要逆水而行，你必能找到它。名为"一品更楼"："更楼"是打更人住的地方，小小一间，牌匾的位置，要架梯子上下；"一品"，意指居者官拜"一品"，说嘉庆十二年（1807），旅外入仕的两江总督汪日章职满告老还乡，借来主院，修缮，一住数年。

　　"最早的时候还不能装修，政府不让，说是担心破坏房屋结构。"洪老板那时也轻松，反正赚钱的生意都在台湾做，这里的老屋暂时放放也没太大关系，于是便留着。人在台湾，

圈椅两把，盘膝是另外一种享受

屋在宏村，暂搁数年。

在洪丽芬的眼中，旧宅不修葺是没办法住人的。残破、老旧、无神，木头是腐朽的、虫蛀的，屋顶是漏水的，长年油烟的熏绕把墙面彻底染成黑色系。她翻开装修前的老屋照片同我一起看。虽然我也喜欢老屋，可一见照片就心里清楚，十数年前的这座房子，难以立足。

老屋这种东西，需要人气。没有人住，便会倒，会塌。于是没隔几年，老屋真的在一场风雪中塌了几间屋子。"这下他们着急了，赶紧往台湾打电话找我，说我有义务修缮这座老宅——因它已经位列联合国文化遗产保护系列，三五年要检查一次，所以老宅不可倒、不可改。他们要我想尽办法修复老宅。"洪老板微微一笑，很是相信缘分的魅力。"于是就来了，

客栈资讯

地　　址：
安徽省黄山市黟县宏村上水圳一号（宏村风景区内）

电　　话：
0559-5542001

预订方式：
在去哪儿网、携程网等网站均可预订，也可电话预订

一开门，一路丝雨，一路绿色

感觉和老宅的缘分终于到了。"

修葺不易

说是可以修宅，却并非能够改建。政府的要求是，洪丽芬必须修缮好房屋，并且保留原有的房屋结构。"说实话，很有困难。"老板本就不易当，洪丽芬的老板生涯却要从结结实实地搭老屋框架开始。这一搭，便足三年半。

古宅的修缮，从来都不易。只是原样修复，就要耗尽各类心血去搜集年代久远的老材料，砖瓦墙梁、木质构件尤其难寻。我先前看见的那辆红色小摩托便有了用武之地，宏村以及周围村落的人们也渐渐晓得有一个骑车的台湾女人在收老物件。"已经很习惯去收东西了，收好买来放在老宅里，一边收一边装。"她坐在小小账房里，边替客人登记护照，边看我一眼。

老材料靠攒，这一关勤跑腿就解决了。可问题是宏村的施工队却很难找。水电系统是要重新排的，嵌入墙壁的卫浴系统是要讲技巧的，即便是宏村或周边村落中，能跟得上洪丽芬的设计思维的老工匠，一个也没有。于是，包工头负责找人，洪丽芬在现场讲解。比如正厅的地砖图，是她预先亲手画的。收来的老地砖，每一块都很珍贵，哪怕轻轻划错的一刀也能产生很大的损毁。"铺成现在的模样，当时的损毁至少有1/4。宅子里还有些拼花的瓷砖，在铺就时怕电锯切下去留下生硬的痕，就送到工厂里用水刀切好，再运回来。"洪老板哪里还是洪老板，自己都跪在地上画地砖样板，日日工作得辛苦憔悴。

再讲窗棱。一品更楼的窗棱不是用钉子钉成的。计算距离，计算卡口的位置，不用铁钉和木

1	4
2	5
3	6

1.依山傍水，屋内也有灵气　2.将军百战归　3 整整齐齐摆放着的餐具　4.闲时来听雨处　5.金牡丹，国色暗生香
6.屋内的风情

胶，一根根小木条拼接起来成为一扇窗户、一扇门。尽管这等细料不像屋顶上的椽子或支撑房架的柱子，需下整块老料的本钱，然而工夫是费足的。

找来的工匠有许多因为工序费时而选择离开。洪丽芬只能不断地找，个断地教，这样的循坏持续了整整三年半，直到大部分工匠都学会了基本的老宅修复法。

洪丽芬说，那三年半后，小细节又是每年都有增补。老宅毕竟是老宅，怎么下手，从哪里下手，都要思前想后很久。她其实并不太在乎多少人学去了自己的东西，能看到学到也是一种缘分。她更关注的一点，是要对这老宅有个交代："见过它破败不堪的样子，却怎样也不愿成为那个让它变腐朽的人。我希望我把它修葺好了之后，能有人继续传承下去。"

一屋一世界

一品史楼的房间，颇有趣味。一间房有一间房的特色，有的娇小玲珑，有的宽敞明亮。洪丽芬原本的盘算，就是靠着软装的点点滴滴，攒出一屋的情趣，攒出一屋的风情。

唐华，老宅一层。在唐华住着的好处，怕是时空更迭的变化。其元素实在交融得多，也交融得好。屋子既大且宽，右侧的院子时不时借了点光线来，即便不开灯也看得清。唐代仕女图隔着床同两匹唐三彩相望，一旁的元素杂而不乱。实木雕刻的书法颇见功底，欧洲进口缇花织锦寝具在床上自有风姿，蚕丝与手工刺绣下的窗帘华丽又含蓄，下沉式的马赛克浴缸很是招人，热水铺陈开，在这个世纪的前段回望千年，又该是怎样？

洪丽芬其实是偏爱唐华的，匀出了一部分位置在右侧当视听室，一榻可坐可躺，要茶有茶，要水有水，可叹不是桂雨浓烈的时节。我分明看见了院子里的桂花树，青绿色的叶子一层层叠得起劲，现在还不是它们招摇的时刻。要等，等到九月、十月，满室满身都是桂香，那时静坐一旁的小小世界，或许真的同宏村没有半点关系了。

订不到唐华，还有风荷。风荷在庭院内，门被小树枝条锁上，要进屋，先要踏着脚下沟渠中的石像而过。荷花、荷叶被人为地嵌在墙壁里，背后的暗灯一点，满室皆荷。曲院风荷，荷总同庭院有关系，摇摆之，摇曳之，顺水而长。两榻相连，更宜横卧。藏于荷叶下的三只铜质青蛙，水来水往之间，似鸣非鸣。风荷的早晨无须人为唤醒，万物灵性在承纳露珠的一刻苏醒。雨水自房檐顶顺滑下落成串的一刻，飞来纵去的鸟鸣声，几声讨食吃的猫叫声，院外时不时有人跑过的踏板声，房门外的精彩一日不缺，一日不少，只等用心赏看。

住不到风荷，还有沐兰，还有烟珮，还有景薰，还有仙锦。而我，住在金缕。路过石雕的佛手，顺着镂刻满怀的扶梯，走过八卦弯，于二楼的茶座处停一停。几个陶瓷人吹拉弹唱，背后木窗半开，略过天井同正厅堂的模样，换鞋，走上楼梯，推门，略过墙上的匾额和镂刻，朝前一点，"金缕"二字悬在墙上。

住客反馈

绝对的惊喜，没有想到在这样一个小村庄里，竟然有如此洞天，恍然跨越时空的感觉。院外都是极其普通的农舍，直到进门前还以为是农家院而已，进门的那一刻，才仿佛进入了几百年前一品大员的府邸。进了房间以后更是陶醉，每个房间都极富特色，古典与现代的完美结合。院子、房间的设计绝对是高手！原来设计者就是老板娘，一个台湾人，接触后感觉好善良、好有内涵！幸运的是我们去的时候是星期二，基本上没有客人，午睡之后坐在堂下，看看主人的藏书，听着院里鸟儿的嘤咛，吃着主人精心准备的下午茶，和猫儿慵懒地对望，一切世俗烦恼尽都远去，好想时间就此停滞！宏村之行唯此不虚，希望以后还能有如此幸运，能有机会独坐于此，闲看庭前花开花落，偷得浮生半日闲！

——大众点评网，wzdscgs

同金缕相伴的是正中的一幅观音图，六盏丝绢莲花灯排在左右，灯下是几座佛刻。光线从大片的天窗上走下来，干地毯上钩织光影，顺势而走，同对面窗户的亮光融在一起，却将窗户下的位置涂抹得暗淡。直到夜深人静，各种壁灯都打开的时候，这里才像是博物馆的小展区。琉璃的光泽已超七色，玉器的温润时隐时现。地毯上的将士们各有姿态，搏杀、挥舞、征战。朝前却是几只北京带回的大布老虎，遍身绚烂，陡增童趣。

金缕的风格，同屋外厅内又是不同。清代的雕花床，大红色调配上沾染金箔的窗框，是那个年代的产物，整齐端庄又带着点儿出嫁姑娘的明艳娇羞。古铜色的水龙头是特意调配出的颜色；古铜色的吊灯其实远没有洗手间的内嵌铜镜来得耀眼，牡丹开在镜旁，一朵连着一朵。镜子的范围只够将自己旁边的贴金百宝柜纳入囊中，却够不着一米高度之外的雕花床。

还有两扇天窗为错层楼梯留下光影效果。没有洪老板的解说，寻常人哪里会晓得在楼上硬生生劈开一个错层空间。到底有多难？一楼正厅的主梁柱被朝下硬生生地调整了一米多，这意味着要重新调配整个二层的房屋结构，意味着重新布局，意味着不断地反复重来，意味着耗费大量的金钱和时间。是故，只有在金缕住，才能分外品得改建老宅的不易。

卢村别院

老板娘在宏村操持数年，又遇上另一幢老房的缘分。有幸坐上老板娘的小红摩托车前往卢村，拜会一下正在装修的老宅。

老宅就在卢村最出名的木雕楼对面，尚未挂上匾额楼名。说是老宅，建筑上来讲已是废弃了一半。原是两位老人家住，渐渐地他们不起心思，投奔儿女享清福去了。洪丽芬接手过来，陆陆续续已经修了一年多。

与其说是旅馆，不是说是活生生的建筑艺术馆。来自台湾的女主人精通建筑设计之妙，把一座危楼改建成风雅的徽式院落，处处透露她的才情和细致。每间房的设计都独具匠心，大至门窗、床褥，小至杯碗、挂饰都让人忍不住看了又看。饭菜量虽不大，味道不错。和女主人聊天，越聊越惊叹她才情之盛。
——蚂蜂窝，农家小炒肉

三年孤身修成一座古宅，用"酒店"这样的词语去评介是一种过错。个中装潢设计、点点用心，不必描写过甚，唯有亲自去睹物，才能真正抚摸到岁月潺潺的背脊。我只想说，手工大约是这个工业时代最暖人心的东西。女主人洪姐是个笑容能融化一世界冰雪的女人，然而那些令人艳羡的游历背后，定有不足为外人道也的一段回忆。如人饮水，冷暖自知吧。
——去哪儿网，fiona122

土地爷一家人

　　她停下车，开门，取下护手，找留守在屋里的猫咪，看它慢条斯理啃鱼的样子，很是开心。一楼的庭院很小，把照壁的位置留出，做了水幕墙。墙上的水泥雕花全都出自她先生的手笔，几颗梅属靠墙而坐。外屋檐是后加的，支撑所用的象腿是收上来的老物。洪丽芬从不担心颜色上的差别："年份可以慢慢改变。你现在看，颜色上有差别，可是两年以后，五年以后，色差会越来越小。再久一点时间，你再看，它们搭配起来就很贴切了。老宅就有这样的魅力。更楼是这样，这边也会是这样。"

　　一楼正厅，内装还未全弄完，桌椅板凳还未添置，只墙面上收拾过，看不出任何特色。左侧的书房却令人惊艳，非在此时，而应在夜色动人时。小窗借景，借声。月光朗朗进室，水声进室，小半墙的经文染着金色，安心净神。这个情景，是洪丽芬从各种客栈杂事中逃出来时最想看见的。"坐着，看书，读经文，让心安静一下。越静越清雅，越清雅心就越清楚，好几天想不清楚的问题突然有了解答的方式。"

老宅的韵味

　　二楼,是卧室区域。替好友留下一间房,替女儿留下一间房,剩下的位置便给足了公共空间同主卧。没有拍下照片,很难记下具体物件的摆放。真要讲起来,我记得她女儿房间里保留的一根粗木柱,是改建移位时保留的主梁柱,撑住天、抵住地,空间感整个被拉大拉长,拉得很有想象力;我记得公共空间里盘腿而坐的长榻,茶香四溢,轻绕缠身,飘出木窗,让老老的屋檐跑进来,那时希望能多待一会儿,最好有雨从天而降,能见水由滴聚流,缓缓坠下;我还记得门口供奉的佛像,是哪家墙砖上的雕刻,手法自有韵律,一侧绿莲斜递,正送入菩萨的手中,叫她鲜活,叫她明动。

　　这样的印象细碎绵长,因见点而知面,见细微而能得通达。卢村老宅的改建,不过是洪老板辛苦多年的点滴之影。由此推去,十年前该是何等辛苦的光景。到如今,也是花开圆满,四季长源,庆幸之。

宏村旅游推荐

🔼 月沼

月沼位于宏村中央，呈不规则的半圆形，池塘北面笔直长 50 米，东岸长 20 米并垂直于北岸，南岸和西岸则呈圆弧形。月沼建于村中心，而不是村外，这样村民每天打开房门就能看到这一池粼粼波光。

🔼 南湖

南湖效仿杭州西湖"平湖秋月"样式，整个湖面呈大"弓"形，"弓背"为两层湖堤，上层宽达 4 米。其景四时不同，日夜风光也不尽相同，最美时刻无疑是烟波起时，水汽半遮。

🔼 "牛型"村落

整个宏村的布局，堪称中华一绝。古宏村人独出机杼开"仿生学"之先河，统看全村，就像一只昂首奋蹄的大水牛，成为当今建筑史上一大奇观，亦取风水之利。村内村外，处处入画，又有皖南古民居可观。

◀ 承志堂

建于清末咸丰五年（1855 年），是大盐商汪定贵的住宅。它是村中最大的建筑群，占地约 2100 平方米，内部有房屋 60 余间，围绕着 9 个天井分别布置。正厅和后厅均为 3 间回廊式建筑，两侧是"家塾厅"和"鱼塘厅"，后院是一座花园。院落内还设有当时供吸食鸦片烟的"吞云轩"和供打麻将的"排山阁"等。全宅有木柱 136 根，木柱和额枋间均有雕刻，造型富丽，工艺精湛，题材有"渔樵耕读""三国演义戏文""百子闹元宵""郭子仪拜寿""唐肃宗宴客图"等。

吃喝玩乐掌柜推荐

蟹壳黄烧饼

○　张公馆私房菜。用当日采摘的新鲜时蔬烹制，也善做肉食鸡汤。用餐环境在院内，非自家客人不接待。用餐时，有红鲤环游相伴，莺来燕往，别有生趣。

○　一品阁私房菜。土鸡汤为主打，徽州料理居多。同老板娘聊几句，说不定心情好就会打折。

○　雷岗山庄。宏村世外桃源里的独一号人物。坐在村子的最高处，院内，朝下望，竹林一片，油菜花田一片，徽州古建筑的灰瓦一片，再远是群山影重重。许多画家带队写生都在这里吃饭，虽然可点的菜品不多，但盘盘皆上品。

其他客栈推荐

张公馆

通常以公馆做名字，差不多都会放点有气质或有气势的物件当门面。老徽州，总可以搞点厚实木门，门楣砖雕伺候，牌匾高悬，字也得龙飞凤舞，不然你都不好意思对着大家喊"公馆"。宏村的张公馆却是异类，门上只有块不起眼的"茶行弄7-8号"，我自它面前走过了三回愣是没发现，心中郁闷不已。只因只朝着高大的店家牌匾去了，脚下冤枉路就跑得也多。主人张老爷说，下回提前打电话，有师傅可以带着你们进来。

大门长年关，小牌长年挂。问为什么，他回答，在宏村待着，含蓄就是美。我问这话时，水池子里的红鲤鱼"噌"地蹿出了水面，又"吧唧"一下落了下来；宝宝、毛毛两只小狗毛发卷卷，奔到池边，脖子伸得老长，朝胖鲤鱼看了又看；最宝贝它们的六六姐走了进来，简单的T恤牛仔裤，打了声招呼又进了里院，脚下两只小狗跟得紧紧慢慢，一如六六姐的步伐。

张老爷买下老宅的时候，六六姐一阵向往，等大包小包拎到宏村，却傻了眼，也是旧宅破宅一座。按张老爷的说法，它当时多有名多有历史都没用，全都得重新再来。"好的留下，坏的全得扔。"老宅怎么装修？找装修工人，出设计图，边学边改边执行，这条路折腾着、折腾着走了一年半载。

一楼的房间，多为复式房，下为洗手间，上为卧室。装修最棒的东、西厢房，还呈树干形，特意把当中的小夹层设计为可盘膝而坐的长榻，喝茶聊天总相宜。床也大，睡四人绰绰有

1 | 2 | 3　　　1. 亭角入屋　2. 泳池就开在老园里　3. 光自天井上方来，岁月静好

余。随我们巡视客房的还有他家的客人，也很好奇其他客房的布置。趁着张老爷为她答疑的功夫，我顺手压了一压枕头，触感很好，手感柔软，睡上去当是感觉不错。是夜我住下，枕在其上，还散发着淡淡的阳光味道，当是下午晒过的缘故。我想起六六姐说老宅的屋子打理不易，勤晒勤换都是日日做的。

更喜欢外院的躺椅，或者是内院的八仙桌，前者是打牌聊天居多，后者是打麻将用餐居多。前者斜靠椅背，有凌霄花从侧面伸展直攀屋顶，留下一片绿；后者见古宅从容，燕雀常来常往，一柱阳光倾下。当饭点到的时候，里院外院的分别就没那么大，全都坐满了客人，手中捏筷，静待戴师傅的作品。臭桂鱼、粉丝煲、蔬菜蘑菇汤、炒芦笋、油爆小河虾、笋干烧肉、野芹菜、红烧小河鱼、土鸡汤、炒腰花，变着法子地每日轮换来。客人吃得开心，戴师傅烧得满足。

不得不将张公馆同一品更楼做个比较，若是选择脚踏实地、生机勃勃的气息，我当初喜欢张公馆。老爷言语虽然有时如刀，却恰恰能斩断复杂的线索，还事物一个本原。久在浊世，听一听当头棒喝，也有好处。房价 380 ～ 1280 元 / 天。

■ 地址：宏村茶行弄 7-8 号（大门长关，建议电话联系店主问路）　■ 电话：0559-5541881

老房子青年旅舍

由两幢明末清初的老宅改建而成。改建后的屋宅，试图保留百年气息，几百年的老木材、老门窗，不上漆、零排放、低碳环保。房屋格局各有特点，偶尔从楼阁漏窗朝外望去，转眼光阴转。房价158～328元/天。另有适宜背包客住宿的多人床位房，55元/床。

■ 地址：宏村上水圳街　　■ 电话：0559-5545888

1 | 2 | 3 | 4

1. 前朝故事，光是光，影是影　2. 崇志堂守着旧貌
3. 夜半，星动，仕女抚琴翩翩而来　4. 静谧的好

居善堂客栈

　　居善堂建于清代咸丰十年（1860年），是村内保存最完整的一幢清末官宦民居。木墙、木窗、木雕古床保留较好，是特选的两室厢房。假山亭台、花园水榭，又算朴实生活同江南园林的混搭。私房菜鲜笋烧肉、小炉炖鸡汤等格外诱人。大院有桌，对山水而坐。面前一排齐刷刷私家腌制火腿，望之欲食，故他家客人食量总是大的。多数房间价格150～360元/天，独立公寓每幢800元，节假日会上涨。

■ 地址：宏村上水圳6号　　■ 电话：0559-5541218

1. 居善堂的店幌　2. 居家百年，着实不易
3. 小院对墙的腊肉，十分诱人

客栈特色

■ 徽派老建筑改造
■ 诗意氛围
■ 乡村风情

西 递
猪栏酒吧
——三段不容错过的风景

很难单纯以一个设计型客栈来定位猪栏酒吧，无论是西递一吧还是碧山村的二吧、三吧，较之其他客栈而言，这里承载了太多的诗性和理想。诗人说，猪栏是可以安置乡愁的柔软时光；建筑师说，猪栏完全延伸了徽派屋宅的定义；游客说，猪栏的生活适合吃了睡、睡了吃。叫我说，三个猪栏，是三段不容错过的风景。

老炼油厂能变作如今模样，不知惊艳了多少人

老宅残影，依稀当年时光

房　价

客房类型	价格（元）	客房类型	价格（元）
一楼、二楼东厢房（单人）	360	二楼西厢房标准间（大床）	360
二楼西厢房（单人）	360	偏厅套房（双人）	780
二楼男厅套房（主卧大床＋客厅罗汉床）	880		

注：房费无淡旺季之分

碧山客栈（二吧）：黟县碧山村碧东　电话：0559-5175555

老油厂客栈（三吧）：黟县碧山村碧东横田村民组　电话：0559-5175755

有关房价及预订，请电话咨询

诗性和理想

掌柜素描

掌柜寒玉来自上海，诗人。有巧思，执着地做自己想做的事。十几年前打算避世而居，先选西递，收旧屋，拆过重做，造猪栏酒吧。半古不古，半新不新，旦住下却可久住不厌。西递游人多杂后，再往深处避世，收老楼老厂，自创私家桃源圣地。

三月的桃花，在西递开得盛。年年如此，十年前也不例外。依附在马头墙前的扮相，更添姿色。可惜我来的时间不巧，六月的天气见不到半点桃花的影子，也就无缘见到令猪栏酒吧男女主人一心避入乡野的盛景。

西递，仁让里。同到猪栏酒吧的其他客人一样，我也遇上了难辨识真身的困境。问路三次，走错两次。然而，走错路的沮丧和热气的蒸腾，在进屋的十分钟后尽数消散。靠近大门的客堂间里，四方的风自由来去，吹得人心里舒畅；更能一眼瞧见院落满绿的模样，探寻的心意很快占了上风。

论装饰，并不贵气，没有老宅的古旧。虽然改建自一座有着400余年历史的马头墙徽派老宅，但内里实则没有太过古老，只是另一处天井旁的厅内安置了一些古旧家具。悬梁上还有燕子窝，早晨、傍晚都有一道道黑色剪影闪过，叽叽喳喳叫着的幼燕们已不知是第几批宝宝了。两间传统徽式布置的单间客房、一间含有独立客厅和怀旧铁床的双人套间，就在这处天井周围，一间间隔开，装饰布置并不相同，却同样重视细节。

厨房则连着外院和酒吧，实际运营由丽姐打理。她很喜欢坐在这里拣菜、择菜。日光不盛的时候，院内清清静静，一个独立的世界。酒吧是客人的用餐区域，布置简单，长桌一副，木椅几把。墙上留着许多客人的印记，书法、小画、明信片、感言皆有。河边自由的芦苇被丽姐带回，一蓬蓬插在胖瓶身中，平添野趣。丽姐说，这等插法都是老板娘寒玉教的。另一侧的墙面上挂着照片——猪栏酒吧的前身，沧桑、衰败的旧屋，几头猪，黑白色调。在应对无数的采访中，猪栏的故事开篇都是如此一致："砖木混合的3层小楼，600余平方米，6间屋子，一楼是猪圈。这座老宅被我们看中，就买下来。"寒玉是位诗人，先生也是。某一年厌倦了大城市的生活，动了远离的念头。因同西递产生共鸣，便寻屋、买屋、开酒吧，专做客栈，从此

怀旧乡村风格的客房

落地生根，把家安在徽州大地。

沿着旧木楼梯一转弯，是一个公共空间。可以自由听音乐的书房在左。丽姐转述着寒玉说过的话："你可以设法想象冬天的情景。雪下着，房里暖着，你一个人坐在那里，把音乐打开，然后看着天窗一点一点变白，变莹润。"平素也可以看星星，只要拉开帘幕就好。楼梯自右延伸，至另一侧的书房，还有一间含有独立观景客厅和藤床的怀旧乡村风格的套房、两间含有景观窗口的怀旧乡村风格的单间客房，各随窗廊，各走其道。"有天窗的房间，白天能看到碧蓝如洗的天空和房顶掠过的小鸟，夜晚能看到星辉月色。"这是寒玉最初的设计，被众多客人喜欢。

随窄楼梯上三楼，是敞开式的观景台，将西递全景尽收

客栈资讯

地　　址：
安徽省黄山市黟县西递村东仁让里

电　　话：
0559-5154555

预订方式：
仅有电话预订

只愿深藏其间的猪栏二吧

眼底。凭栏有一个高脚凳，曾经是寒玉最喜欢的凭栏处。自那处远望江山，矮峰山下白墙黑瓦，日出日落颜色大不相同。

回归宁静的生活

早餐是豆浆和白粥，装在搪瓷碗中，配有豆干和下粥小菜。丽姐又出去了一趟，带回了黄色野菊，小小个头儿。她把制药用的石器装满清水，再把一朵朵野花点于水上，放在楼梯旁。我夸丽姐的巧思，她很害羞，说都是学自老板娘。她的老板娘会用最普通的腌菜坛插桂花，会用手织靛蓝土布做桌布，会买矿用白炽灯做厅堂大灯……在她眼中，老板娘是无所不能，于是我越发对这处未曾见面的老板娘充满好奇。

又一日早晨，丽姐的先生开车载我到猪栏三吧。我终于见到了深隐在碧山村里的女主人的真颜。猪栏三吧，一幢独立于田野间的院落，外观非常低调，门口硕大的香樟树已经把枝条伸到了墙外。

　　猪栏三吧的前身是碧山老油坊，曾经是个工厂。占地十几亩，院落外开了山泉小溪，鹅卵石铺成了小径，黄泥做内墙。日子仿佛回到了二三十年前，看摆设器物却又是现代。19间房，仍是各有不同，一间同另一间也许很近，也许隔了好几道墙，或是几间书房，但每一间房的窗外，都有田野风光。

1
——
2 ｜ 3

1. 芦苇一扬，你想象着诗人们轮番进屋，畅谈整夜后，眯缝着眼睛回去补眠　2. 坐下看书吧！反正书架上的书足够多，反正空着的沙发足够大　3. 身处画中

　　我所见到的寒玉，身着印花长裙，丰满，据说是这十年猪栏酒吧养出来的。她说，乡村生活的传统和宁静是最令人沉醉的。这一点，在开第一家猪栏酒吧时便得到了印证。听得到鸡鸣、狗叫、"吱吱呀呀"早起推门声、石板路上传来的脚步声、入夜后的铜锣声，这一切在寒玉看来，都很美妙。

　　"最初的猪栏，我们没想过做客栈。只是朋友多了，名声起来了，慢慢地就需要一个住的地方。"寒玉曾经的圈子里，有中国的诗人，有外国的诗人。当所有人都很好奇寒玉避世的选择时，难免有一大圈朋友前来造访，想探究这个姑娘要实现的美梦究竟是怎样的。诗人之间的消息传得很快，短短几个月便传到了外国媒体人的耳朵里。

　　"猪栏火得有点快，超出我的预计。"现在的寒玉，仍是喜欢和好玩的人在一起，提及公共空间和很多小摆设的设计时，她滔滔不绝。"我在这里很自由，我见自己想见的人，不想见的人可以不见。这里的生活更有选择性。"我问她为什么把木质搓衣板当茶盘，她笑道："你看见的就是我的眼光、我的经历、我的生活、我的想象。一吧是，二吧是，三吧也是。

连卧室外的小休息区也点缀适宜

住客反馈

酒店很有乡土风情，猪栏的生活没有起点和终点，只是在说再见时又充满了期待和思考。期盼再来一睹老板和老板娘的柔情和豪情、风采和文采。
——到到网，黄成

初看名字，完全想象不到是如此舒适的客栈。一栋明代的三层建筑，整体设计充满了怀旧气氛，以及乡村和世俗的轻松、愉悦。在诗人的设计下，有着书房、棋室、音乐吧、发呆区、观景台、池塘等。可以在这中国最美的村落里，享受最美的生活。
——新浪微博，爱上慢旅行

菜很好吃，气氛很恬静，风景很乡下，朋友们感觉吃、喝、睡都有猪一样的幸福感。猪栏酒吧现在共有三处，简称一吧、二吧、三吧，等于说，这首猪栏的实物诗是首组诗。这几座建在溪边野花中的古宅院，是以空气、阳光、绿草、野花为前堂后院的客栈，又是以村菜、乡酒、乌托邦等为语法的一首组诗。
——新浪博客，李亚伟

我是诗人，这就是我眼中对屋宅最适合的搭配。"寒玉的选择，没有脉络可言，有的只是她的喜好，她的眼光。关于历史，她希望能有印记；关于现代，她希望也可以融合。"历史应当是可以被延续的。"

"我现在的生活轨迹同三年前又不同，以前很喜欢同文人一起，现在反而是同我的员工们一起生活更觉轻松。"寒玉不再称呼自己是诗人。她每天就在看新的楼怎么起，家具怎么打，毕竟还有两座小楼空在那里；或者是关心几亩地里还能种些什么庄稼，玉米、辣椒又或是其他？她喜欢现在的生活，更准确地说，她喜欢宁静的乡村生活，返璞归真。

追着她听云散花开

有人说在二吧的心情就像作诗，入夜可以看到池塘里碎了的月光，能听到桃子投水的声音；有人说在二吧的心情就像

光影梳理出老宅长长的脉络

入魔，美人靠前看光影入魔，睡在床上纵横千年上下入魔，八字门楣前久立也入魔；更有人说在二吧的心情就像一幕幕心情独白，正厅危坐的一丝不苟，躺椅一摇一晃的悠哉，花园水池前的落叶微旋，斜阳残晖下的玻璃光晕，芦苇草印在旧桌上的影子，红色旧灯笼的老式，电灯开关上坠下的几束丝绦，印象是一滴滴攒起来的，越攒越活，到久久难忘。所以离开了三吧后，我必须也要去看看同在碧山村的猪栏二吧。

二吧的主楼二层，走马楼和美人靠围了天井一圈。坐下来能看见饮水挡板上几个大字"福禄寿喜"。茶几上有围棋、象棋，用草框盛了，正等人一坐，执子对弈。继续游走，见两处天井虽近在咫尺，摆设却又不同。一处干干净净，配了摇椅一个；一处则摸上石器，放了草木同菩萨一道，风雨无阻。

论公共区域之大，还要数副楼。一座回廊共一座池中花园，另设两层公共区域，一楼为休闲室。坐在落地窗前的沙发

或睡或躺，即便是二楼客厅，却也没什么人打搅，一人独占

里，软得整个人陷进去。窗外的栀子花似有灵性，送花香可以
送得越过玻璃窗、玻璃门。闭上眼睛，循着香味而去，原来
是有人摘了一朵栀子花养于杯中，青青郁郁中的一抹白色，就
放在身后的壁炉之上。

二楼是纯正的书房，四周为书，正中是旧乒乓球台改造的
长桌。不只是照片，寒玉曾经喜欢的诗句，一幅幅高挂于墙上，
一一裱好。芦苇花同样躺在花瓶中，饱满地垂坠下来。那首小
光的诗《牙齿》，在每一家猪栏都出现了一遍。落地玻璃窗外，
隔的是另一片马头墙。

墙上还挂着寒玉曾经拍摄的照片，用她的眼光记录了许
多从前。马头墙的剪影、徽州老人们定格的瞬间、客栈返修
时的记录、某场大戏的热闹场面，或是某个朋友赠送的小画，
都在墙面上摆着。我看着它们，想一路追溯寒玉的十年徽州，
想追着她看老宅的起落，想追着她看徽州大戏的铿锵，想追
着她跑遍四野，想追着她听云散花开。

西递旅游推荐

▲ 胡文光刺史牌坊

　　牌坊为三间四柱五楼结构，用优质的黟县青石建造，高12.3 米，宽 9.95 米，是黄山市现存单体牌坊中规模最大的。屋脊吻兽为 6 只鳌鱼装饰，是借用宋徽宗深夜拜访臣子"双凤云中扶辇下，六鳌海上架山来"的典故。

▲ 追慕堂

　　追慕堂是西递村唯一的一座祠堂，建于清乾隆年间（1794年），为胡氏支祠。后进享堂供奉着唐太宗李世民等人的塑像。在这儿不难感受到村人身为李唐后裔的那种自豪之情。

吃喝玩乐掌柜推荐

○ 猪栏酒吧本身就提供改良版的村菜。土猪、土鸡、土鸭，熬个鸡汤，做几道当季的鲜嫩小菜，吃起来也有趣。

○ 鸳鸯谷。坐着马车去，春天明艳动人。

○ 古村的观景台。清晨和傍晚最宜登。等上 20 分钟，炊烟起，鸡鸣狗叫人漫步。微醒的西递魅力更甚。

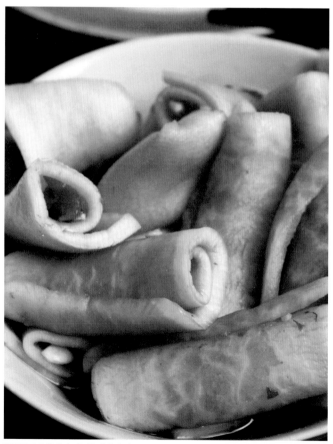

猪栏酒吧的特色菜糖醋萝卜卷

其他客栈推荐

西递行馆

　　客栈离西递牌坊最近。六座不同风格的徽派建筑，担当了活化石的身份，将徽派建筑中最出色的门窗木雕、壁画、马头墙等风格诠释得淋漓尽致。进厅堂，再穿小院，如在老派世界里行走。房间里设施齐备，床头柜前细节满满。蓝色布帘一遮，大床上一躺，等外面温暖的橙色灯光弱下来，静得只剩自己的心跳，安安稳稳入睡。早餐清淡雅致，豆浆、小菜、馒头、花卷，一日闲散自此开始。房价 200 ~ 746 元 / 天。

■ 地址：黟县西递风景区内　　■ 电话：0559-5156999

1.竹帘深处　　2.现代和古老的交融
3.这灯光温暖了多少岁月

客栈特色

- 超大花园
- 老建筑
- 喜悦咖啡吧
- 东西餐吧

鼓浪屿
留下 1924 精品客栈
——身在鼓浪屿的梦境

　　鼓浪屿内厝澳路 459 号，住着"留下 1924 精品客栈"。14 间客房，间间是回忆，屋屋是记载。关于历史，它似乎有自己的观点需要发表。推窗朝外，花园、小径却成为人们转换世界频道的开关，楼宇的细节在拥抱着年岁，拥抱着海风海浪。你拉着行李箱一路朝上，最终会停在红墙畔的路灯旁，被楼宇的细节所感染，不知进，不知退。

植物茂密得好像要从墙里
爬到墙外一探究竟

窗口探出的小可爱

房　价

客房类型	价格（元）	客房类型	价格（元）
高级房（大床／双床）	300	阳光房（大床）	400
花园房（大床）	500	套房、回廊花园房（大床）	600

注：以上为网络价格，旺季会有一定幅度的上涨

北屿精品酒店　电话：0592-2067277　有关房价及预订，请上网查询或电话咨询

留下"1924"的魅力

鼓浪屿四周环海，到处是沙坡。要想享受到高低起伏的地势，住的地方就得稍微高点，"留下1924"就可以。你真正住进去之前，多少会觉得它朴素、实在、孤独。这是一座小巧的建筑，并不过于追求奢华。

没有人知道谁是这幢楼的建筑师是谁，史上也许记载，却已经湮没。只知道它建于1924年，整个建筑造型低矮、平缓、舒展。它的外围、里面皆富有韵律变化，开窗、开门仿佛都挺随便，却并不混乱。屋顶的线条延展出自己的节奏。

同建筑本身所传达的情绪一样，客房内的设施也很朴素、舒展，有些是窗户的位置和棱角，有些是内装师后期为客房拉出的棱角和线条。曾经的内装设计者当是竭力要保留这幢建筑的年代感，以至于站在楼梯处浑然不觉，步入房间后却能瞬间感知民国那个年代的魅力。没有一个器物是复杂的，却又恰恰好好地搭配着，没有违和感。"老建筑大多有着共同的特质——丰厚的历史文化底蕴和见证时代变迁的时光痕迹。不仅仅是客房空间设计，内装设施配备也应设法向客人们表达更多特质、更多独一无二的满足感。"掌柜林先生这样诠释心中的老建筑。

"留下1924"的窗户，是吸引人的元素之一。不似别的建筑只有两三扇窗户，在这里，每一间客房几乎都有四排窗户。这意味着每一位客人都能更贴近阳光，贴近纯粹的温暖。有一些客房还配有外阳台，安置两把藤椅，面朝外街，可以坐下看别样的鼓浪屿。路不宽、弯曲、陡峭、不快不慢地游出视线。你当然会注意到对面的饮食店，满是喧嚣的味道，而你只身坐在一街之隔，独享安静。

当然，"留下1924"不是那么完美。至少隔音不是那么完美，偶尔你能听得见楼梯传来的一点动静。可好处却也明显，若是

望向天空，丝丝期待

下雨，你贴着雨声更近，就像是你置身在雨中听、感受，却周身不湿，不用遮挡。点点滴滴，安慰人心。所有的疲惫，一点点，退却，慢慢跑出身体。

花园与咖啡屋

许多曾经来过的住客，时隔三四年也还记得找回来。他们记得"桑其拉的花园"，有花园，有猫咪，有爱情，还有红鲤鱼、绿树、玻璃咖啡屋，如今多多少少起了些变化。花园还是大的，绿色还是满的，气氛却从温馨如家散漫开来，成了客人们自己随意待着的地方。你坐下，藏在花园的某个位置。人们很难在花园中一眼找到你，除非他们自三楼朝下望，方能看见你安安静静的，与身边的绿色呼吸与共。

客栈资讯

地　　址：
福建省厦门市思明区鼓浪屿内厝澳路 459 号（近三丘田码头）

电　话：
0592-2221924

预订方式：
可通过去哪儿网、携程网等网站预订，也可电话预订

顺着脉络，可以走得很远很远

　　鼓浪屿的四季，最不缺阳光，因而身边的绿色日复一日地"生嫩"。这个花园大约是鼓浪屿上最大的一家。林先生问过许多游客——单身、情侣、携家带口者，对这超大的花园都有无限好感。单身者，一杯咖啡或一本书即可安心坐上一下午；情侣，绿荫中对望相依，情丝缠缠绵绵；携家带口者，任孩子们奔跑走跳，总能发现小小惊喜。

　　也有人喜欢隔岸观赏的意境。"不是非要置身于花园，只是知晓它的存在就是好的。"他们选择坐在"喜悦"里。

　　"喜悦"是书店，也是咖啡屋。位置原本就不大，几人围坐可以，两三人相伴也可。颇高的楼板上嵌入玻璃，令楼上登记的客人总会好奇于脚下的世界。紫色的沙发，微清冷的墙面，却因书而温暖。

生活·在风景与理想中 — 一地一客栈

住客反馈

很温馨很有情调的客栈，配套一个大花园，傍晚的时候可以坐在那里喝着咖啡吹吹风，旅行的意义便在于此。房间很有味道，简单的布置但不缺温馨，非常满意，赞！

——携程网，E1021****

是栋别墅，很古朴，很有历史感，我和老公都很喜欢这种调调。旁边就是居民生活区，有点闹中取静的意思。酒店整体服务不错，前台很热情，等待登记的时候还有欢迎果汁赠送，服务生还会帮忙把行李提到房间，刚从五星级酒店退房住过来，却基本没有感到落差，赞一个。订的是阳光房，房间装修得很有格调，床很软，床单什么的也很干净，窗户大，采光良好，够得上阳光房的名头。窗外就是很大的庭院，花花草草，遮阳伞，下午茶，看看书，听听歌，阳光从树叶缝隙漏下来，时间顿时慢下来，全世界都美好起来。

——携程网，benitalin

登岛后完全没有了方向，打给酒店，有人来接，顿时舒心不少。酒店环境很舒服，是我喜欢的类型。木板铺成的庭院，种满了各种植物，坐着聊聊天、吹吹风，感觉很惬意。早餐让人很惊喜，之前看攻略，说早餐只有些炒蛋，完全不是啊，现在是有四种套餐可供选择，主食有包子、煎蛋、面包、水果、果汁，很丰盛，吃得饱饱的，吃完到庭院晒晒太阳，人生太完美了。

——去哪儿网，阿拉是蕾

"很多客人喜欢从'喜悦'借书，到花园看。也有一些客人正好反过来，漫步花园后，到'喜悦'看书。"人与自然的共处，总有各种方式令心思妥帖安稳。

东西餐吧

你若到过鼓浪屿，一定会发现没有太多适合用餐的饭店。这就是林先生为何要自己做一个"东西餐吧"的缘故。取名"东西"，是因为餐厅有一东一西两个花园，简单，略有情调，且入口美味。

1.东西餐吧的桌椅，都是掌柜从闽南农村收集来当地的老木板，并重新设计加工制作的　2.国外引来的灯具
3.植物攀援的台阶　4.餐吧以闽南菜与西式简餐为主

大面积的落地玻璃窗，引着外头的绿色进来。日光盛时，难免太过耀眼；落雨时则好，令你满心欢喜。你看着绿色被一层层地冲刷，刷出翠绿、嫩绿，如初生婴儿般，见者皆喜。

餐厅的桌椅，都是用从闽南农村收集来的当地的老木板重新设计加工的。收集老木板虽然价格尚可，然而后续的抛光等再造工艺却着实花费不少，等于直接向国外订购一批价值不菲的家具。

林先生说，虽然木材很民俗化，却多少也还原了当地传统的建筑文化。北屿酒店大堂的花岗岩墙面也是闽南文化里很具代表性的材料。

一家餐厅，光凭建筑设计怎可长久，当然还得靠手下的真功夫。九层塔香拌福建干贝，一大一小两颗爱心，颜色鲜嫩。闽西客家河田鸡，是经典客家菜。鸡肉很嫩，鸡汤味道特别浓郁，不油腻，带着米酒的香气和枸杞的清甜，适宜进补，滋养身体。闽南传统海蛎酥，由大海螺盛装，海蛎炸得香酥，下铺虾片，上撒肉松，吃来清甜。双味焗虾也很适宜，白灼虾对上观音焗虾，摆盘精致。闽南特色茶叶铁观音，和虾一起油爆，爽脆可口，可以整只带壳嚼，香酥可口。还有许多菜肴，却是一人之力无法完成。

北屿梦境

北屿酒店和"留下1924"客栈都位于鼓浪屿内厝澳路459号，属于同一个东家。在北屿，细碎的阳光透过屋外高大的绿植照进房间，看什么都很有喜悦感。挑高的楼层，旧屋顶的老木梁露出身形，应该是特意保存的结果。超大的床，白色棉被、白色枕头，是触手可及的温柔；音响安置于床头，等着被哪一个客人唤醒；亚麻色的砖墙分开卧室和洗手间，留下一条探索的小径。

"我们酒店用的东西都是最好的，有些五星级酒店的配套软装还比不上我们。"林先生拿浴巾、卫浴系统、床、床套、床罩一一举例，"大堂的香氛甚至每个月都会更换。如果现在是春天，你闻到的将是青草味，来自 air-aroma 的'春日时光'。"几乎大部分细节的设置，都来源于老板这一"酒店控"。

在掌柜林先生眼中，"北屿的设计感是独一无二的。"设计师叫李泷，来自厦门。他带着团队，近年米一直致力于老建筑改造项目。对北屿，他用现代手法构建空间，调整梁架结构，引入天光，采用钢结构和通透清玻形塑优雅硬朗气质。"用旧建筑，说新故事"，这是北屿酒店和李泷在设计上达成的一致观点。

我尝试理解李泷的设计。白天在房间坐着、工作，也没觉出有什么跳出常规的设计。直到黄昏从别处步行回酒店时才领悟。岛上的路都是不规则的，像鲫鱼身上的刺，小小的，密密的，纵横交错。我一路走。霞光勾勒出的老建筑们，老老的、旧旧的，浑身散发着浓郁的神秘气息，诱人深入。我想象着它们可能发生过的故事，十年、二十年，三十年甚至一百年前。直到老建筑全没入了阴影，我突然很想看一看北屿。

走到北屿的对门，这家酒店常常用海鲜小菜招揽游人，院子客房正对着北屿。一片漆黑中点缀着散乱的微光，唯有北屿的轮廓最为清晰。视野突然被打开，感觉与它相识了好久。李泷特意选择的水洗石外墙，终于让我看到了浅灰色调的质朴纯净，果然很妥帖于鼓浪屿的建筑。我发现，北屿的存在并不突兀，相反，很是顺眼。低调的奢华感慢慢溢出，你不会去想象在这里日日开盛大晚宴的情景，却总能凭着那沉静的线条去勾勒一种"更好的生活"的可能。如同李泷的设计，简洁、含蓄但注重细节，低调、舒适与质感共存。

鼓浪屿旅游推荐

▲ 老别墅

鼓浪屿具有"万国建筑博览馆"的美称。数以千计的别墅散布在绿树成荫的岛屿的各个角落，其中以漳州路、福建路、鹿礁路、复兴路、中华路、泉州路、笔山路、鼓新路等路段比较集中。这些别墅有的是外国领事馆、官邸，有的是福建籍的华侨富商所建的私宅，有纯粹的欧洲风格或闽南特色，绝大多数的中西合璧，承载着小岛的浮华与沧桑，沉淀出一种遗世独立的美。

▲ 日光岩

日光岩又名"晃岩"，包括日光岩和琴园两部分。山上树木葱郁，奇石叠垒，洞壑天成，亭台掩映。"不登日光岩不算到厦门"，这句话要等到你攀上了这块鼓浪屿上海拔最高的大石头时才会充分理解。虽然日光岩的高度不到100米，可站在上面绝对有一种"一览众山小"的愉悦感，脚下的小岛和对面的厦门市区尽收眼底。

吃喝玩乐掌柜推荐

北仔饼

○ 美国冰淇淋店。专做冰淇淋，藏在山洞旁第二层，需要爬楼梯上去，门口一只黑白色调的奶牛站着等你。老板很热心,很具备当岛民的气质。如果你去三一堂,搞不好会路过他家。

○ 寿记龟糕。一个没有门面的家庭作坊。蒸好的碗仔糕细腻多孔，口感清甜软绵，还带点酒酿的味道。据说每天做了的卖完就关门，想吃的要赶早喔。位于海坛路31号，龟糕2元／个，碗糕8元／个。

○ 北仔饼。葱油香饼和甜味两种口味，类似北方的缸炉烧饼。咸饼有咖喱味，甜饼主料是花生碎和白糖。在龙头路302号（近菜市场）。

其他客栈推荐

李家庄咖啡旅馆

　　客栈掩映在一片浓荫之中，重新翻修过的红砖建筑，古朴间隐约有华贵之气。李家庄让人贪恋它的安逸，沉迷在略显奢侈的时光中。风格独特的房间，大而柔软的床铺，可观景的宽敞浴室，一点也不输给星级酒店的硬件设施。在老别墅的走廊上走走停停，看花朵开了又开、树叶落了又落，享受一份闲适又愉快的心情。李家庄由两栋别墅组成。东边那栋建筑原是寻源中学的教师宿舍，建成时间大约在 20 世纪初期。当年"木材大王"李清泉回到厦门，买下了这栋别墅，之后又在西边建造了另一栋别墅，合称李家庄。1070 平方米的面积，"鼓浪屿第一家高端家庭旅馆"的头衔的确不是浪得虚名。房价 280 ~ 580 元 / 天，节假日有一定程度的上涨。

　■ 地址：鼓浪屿漳州路 38-40 号　　■ 电话：0592-2565008

华贵大气的红砖老建筑

船 屋

　　鼓新路是鼓浪屿上鲜有游人到访的一条路，弯弯曲曲的巷子，幽静绵长，走到高处便能看见对岸的厦门岛。船屋就藏在鼓新路的尽头，满墙鲜红的三角梅让人眼前一亮。这是一座建于1920年的船形别墅，由美国著名建筑师郁约翰（鼓浪屿八卦楼的设计师）设计。别墅以欧式风格为主，简洁明快，造型犹如海轮甲板上的船舱。它的房间也全部以"舱"命名，带私家阳台花园的"船长舱"两间，大床房叫"正船长舱"，双人间叫"副船长舱"，此外还有"大副舱""轮机长舱"等。船屋的老主人为名医黄大辟，正是郁约翰的学生。黄大辟的儿子黄桢德、孙儿黄孕西也都是厦门著名的西医，可谓"名医世家"，现在经营船屋家庭旅馆的是家族的第三代后人。船屋的花园虽小巧，但登高却可眺望大海及厦门全景。花园里有古井一眼，汲水泡一壶铁观音，细细品味，乃是一件不可多得的悠然美事。房价 280 ～ 520 元 / 天，淡季优惠幅度较大。

■ 地址：鼓浪屿鼓新路 48 号　　■ 电话：15880219198

建于 1920 年的船形别墅

后 记

心安之处是故乡

有一年，我去大理巍山，恰逢巍山搞"小吃节"，去转了一天，准备走人。下午转到古城下水坝街，无意间闯进一间老"马店"。马店这个词，很多人都已经不明所以，它被遗落在茶马古道的马蹄铜铃声里。为了体验一回"打尖住店"的感觉，我决定再住一天。

掌柜老婆婆姓米，很健谈。米婆婆小时候家道中落，为了读书做过师范学校的旁听生，记忆力很好，说到兴起处，还给我们背诵英语字母表，附带连读"Lesson one"（第一课）。她14岁嫁入李家，跟着学开马店，如今70多岁的她，已连续掌柜半个多世纪。米婆婆每天待客做饭；给马帮人连（缝补）衣裳、袋子；给马洗脚，以便第二天好行路；辨认每一匹马归属于哪家马帮，免得出门混淆；有时候马跑出店了，还要出门找马。马店生意最好的时候，接待过200多人马，睡不下就在院子里打地铺。现在，部分马厩改做了厕所，部分用土墙围砌起来。

当天一起住店的还有一位茶姓大爹，是这儿的老住客了。1958年他住这儿的时候，跟着马帮跑，驮粮。当时一个床位6角钱，如今已涨到了6块钱——在县城里只能吃一碗饵丝。每次来县城，他都会住在这儿。因为是熟客，他在这儿用厨房煮面条，清水白面。按惯例是要收1元的柴盐费的，因为是熟客，也就免了，米婆婆还张罗着去给他掐小葱、拔青菜。茶大爹这次来巍山县城，是为了趁"小吃节"特意赶趟来卖他自制的彝族芦笙的。"这一个芦笙，得费5个工（5天制作时间），看着容易，口弦部分特别难做。"

　　我以前为了解茶马古道查过很多资料，没有哪篇论文比这次住店给我的收获更多。幸而我也有多次这样的旅行：出门看风景只为饱饱眼福，看多了也都是大同小异，惊喜常常发生在民宿客栈里，碰到的人事会刷新自己的认知，甚至还有更大的影响。

　　客栈选择跟一个人的旅行观联系紧密，如果仅仅只是追求舒适与消费体验的话，选择星级酒店和连锁品牌店最保险，也不用提前做功课。可如果这样，你也就遇不上他们：苍山脚下做创新教育实验的姗姗夫妇；泸沽湖畔庄园里春播秋收的诗人如风；玉龙雪山下放风筝的小K、小璐小两口；洱海双廊边共建乌托邦的七姐妹；丽江甘泽泉边解甲归田的媒体人疯子掌柜；沙溪老院子里致力于少数民族文化传播的路叔；腾冲拥有邓丽君般甜美歌喉的高学历美女掌柜蓉蓉；中甸古城坚守香巴拉玩得转相机、挥得了锅铲的帅大叔。

　　每谈及"为何选择这个地方"时，我听到的答案不约而同："心安之处是故乡"。走得再久再远，溯回从之，还是回到心安之处尘埃落定。沙溪的路叔喝茶时，给我背了一段《桃花源记》："土地平旷，屋舍俨然，有良田美池桑竹之属。阡陌交通，鸡犬相闻。其中往来种作，男女衣着，悉如外人。黄发垂髫，并怡然自乐。"贴近山川河流大地、谈笑有知己、自给自足、邻里融融，这种怡然自乐约莫就是心安吧。

——肖　肖

以自己想要的方式去生活

我一直很喜欢"朝着梦想的生活方式努力前行"的人。这本书所采访的掌柜们便是如此，"开一家客栈，过自己想要的生活"。

一品更楼的老板，不仅修老宅开客栈，还另外盘下了一处邻村的老宅，又开启一段修补老宅的日子。她在宏村切切实实地生活着：养猫养狗，骑着小摩托车日日穿梭于村落里；她喜欢忙碌的感觉，为客人忙，为家人忙，为猫狗忙；休息的时候最爱盘账，或是泡上一壶茶，再同阿姨们商量明天的菜。她的生活，已同宏村、已同老宅无可分隔。

大越小院的老板，则是怀揣"一个家庭"的梦想。"女儿可以在大院子里奔跑，想吃什么新鲜果蔬可以到楼顶的绿棚里摘去。"或者是"有大大的鱼缸在院子里，养鱼、养乌龟，它们晒太阳，我也跟着晒太阳。"或者是"兴起时烧几道拿手好菜，在院子里一摆，叫几个好朋友前来欢聚一堂。"他的生活，也已同旧日乡亲无甚关联，而是扎在了绍兴，扎在了老宅。

恩泽堂的老板，则是"收着古物收着古物"就慢慢地开起了客栈。老宅本就是少时住惯的地方，一砖一瓦，一墙一面，皆是回忆。穿着布鞋，背一小包，穿梭于同里的两座古宅和古玩堂间，于凌老板而言不过是随意走走就到的距离。喝茶、玩古物、住古宅，才是他的生活。

其余掌柜，每个人心里也都有"最适宜自己的生活方式"。越听他们的言语，越观察他们的形容，越能清晰感知他们已是"以自己想要的方式去生活"的那类人。这无疑会令许多人"羡慕嫉妒恨"，也应该会令一些人鼓起勇气去过自己想要的生活。

于我，不问将来，努力前行，是最重要的收获。

——陈玉贞